ダンマパダ

ブッダ「真理の言葉」講義

釈 徹宗

角川文庫
22803

ダンマパダ——ブッダ「真理の言葉」講義

目次

はじめに

大阪市内に應典院《おうてんいん》という、ある意味とても有名なお寺があります。さまざまな社会活動や文化活動と連携し、そのコネクト役を果たす〝劇場型寺院〟です。寺院―檀家《だんか》制度をやめてNPOによる合議制で運営されており、ニート・不登校・ジェンダー・在日外国人・NPO・NGO・アート・街おこし・福祉・医療などなど、さまざまな社会問題や文化的テーマに関わっている〝都市のコネクター〟のようなお寺です（二〇二一年現在では、在宅医療に特化した活動へと歩みを進めています）。

その應典院で半年間、七回にわたって『ダンマパダ（法句経）』を手がかりとした仏教講座を担当しました（應典院の本堂や研修室を使いましたが、主催は應典院の本寺である大蓮寺です。途中からは大蓮寺の座敷で開講されました）。使用したテキストは、中村元《なかむらはじめ》訳『ブッダの真理のことば・感興のことば』（岩波文庫）でした。参加者が一番入手しやすい本を選びました。なにしろ、超ユニークな寺院である應典院の講座ですので、仏教についてまったくご存じない方から、諸宗派の僧侶《そうりょ》、いろいろな領域の専門家、老若男女、幅広いオーディエンスを前にしての講座でした。ですから、ある程度は系統立ててお話を進め、ある程度は（仏教を好きになってもらうため）話があちこ

應典院の外観（写真：應典院）

ちに飛んだり、できるだけ来てくださった方々にまんべんなく聞いてもらえるように工夫した……、つもりだったんですけど読み返してみると反省点ばかりが目についてしまいます。

でも、読者のみなさんに場の雰囲気を感じとっていただきながら、〝仏教のバイブル〟と言われる『ダンマパダ』の金言を味わっていただければ幸いです。

この『ダンマパダ』は、膨大な仏教経典の中でも、とても貴重な「お経」です。『ダンマパダ』の中には、ブッダ（釈《しゃく》尊《そん》）が在世当時に話していたと思われるマガダ語系のニュアンスが各所に見られます。おそらく、ブッダが語った言葉そのままが残っている部分もあることでしょう。最古の仏教経典とされる『スッタニパータ』第四章・第五章等に次ぐ古いテキストであると思われます。

世界の主要ホテルの部屋にはクリスチャンのために『聖書』が常備されていますが、同様に『仏教聖典』というオレンジ色の表紙の本も置いてあるのをご存じでしょうか。いろいろなお経から教えやメッセージを抽出して編纂《へんさん》されています。この『仏教聖典』を配布しているのは日本の「仏教伝道協会」です。すでに、四十六カ国語に翻訳され、世界六十三カ国に寄贈しているそうです（二〇二一年現在）。そして、この『仏教聖典』の見開きの最初は『ダンマパダ』の第五番からはじまっています。つまり『ダンマパダ』は、仏教を代表する経典の一つと言えるでしょう。

オレンジ色の表紙の『仏教聖典』（写真：財団法人仏教伝道協会）

この『ダンマパダ』は、全部で四二三偈《げ》（声に出して唱えられる短い文句を偈、あるいは偈頌と言います。ガーターの音写です）あって、一番から四二三番まで番号がついています。一つひとつが短い金言になっていて、アフォリズムあふれる経典です。

ミャンマーの僧侶には、経典に関する試験制度のようなものがありますので、多くの仏典を暗記します。『ダンマパダ』の第一六七番は？」などと聞くと、ちゃんと暗唱できる人が少なくないそうです。

今回は「超意訳」と称して、少々大胆な読み方をしてみました。そもそも、使ったテキスト自体が現代語訳されたものなので、わざわざ訳する必要はないのですが、あえて少し原文から飛躍して味わっていただこうという意図です。

さて、世界の主要ホテルで常備されている『仏教聖典』の最初に出てくる『ダンマパダ』第五番ですが、次のようなものです（ここでは仏教伝道協会の『仏教聖典』の訳ではなく、中村元氏による『ブッダの真理のことば・感興のことば』（岩波文庫）を使っています。以下、本書『ダンマパダ』は中村元訳に統一します）。

実にこの世においては、怨みに報いるに怨みを以《もっ》てしたならば、怨みの息《や》むことはない。怨みを捨ててこそ息む。これは永遠の真理である。（五）

（超意訳：私たちの世界では、何かの怨みに対して、こちらが怨みで応酬すれば、また相手も怨みを増幅させる。つまり、怨みに対してさらなる怨みで仕返ししても、怨みの連鎖が続くだけで、何も解決しないのだ。この連鎖を止める手法はただ一つ、〝怨みを捨てる〟ことである。これはいつの世にも変わらない法則なのである）

この第五番はある逸話によって、広く知られることとなりました。

日本は一九四五年に戦争に負けて、アメリカの占領下に入りました。そして一九五一年、日本の主権承認を懸けた「サンフランシスコ講和会議」が開かれます。日本は参加五十二カ国との間で講和条約の締結を目指しました。結果的には全面講和とはならず、四十八カ国との講和調印となります。

この会議の議事録を読むと、どの国も「もっと賠償金をよこせ」とか、「もともとうちの領地はここだった」といった調子で、いわば〝日本というパイ〟を奪い合うような一面もあったことがわかります。アメリカとソ連との駆け引きが表面化し、講和調印はなかなか難航したようです。

そんな中、スリランカ（当時はセイロン）の代表ジャヤワルダナ（後にスリランカの大統領となる）という人が、先ほどの『ダンマパダ』の第五番を朗々と読み上げて演説を行いました。怨みの連鎖はどこかで断ち切られねばならない。そう宣言してセイロンは賠償の請求権をすべて放棄して、講和に調印します。

実は、このジャヤワルダナ氏は、サンフランシスコ講和会議に行く途中、日本に立

J.R.ジャヤワルダナ（1906-1996）
（写真：共同通信社）

ち寄っているんです。そして、政治家や財界人に会ったり、お寺に行ってお坊さんとも対話しています。そして「ああ、この国には間違いなく仏教が生きている。だから信用できる。きっと良い国になる」、そう確信したと後に語っています。

　この『ダンマパダ』を引用したジャヤワルダナの演説は、会場に大きな感動を呼んだそうです。そして、彼の意見に共感したラオス、カンボジアなどの国も、賠償権を放棄して講和条約を結びます（ラオスもカンボジアも仏教が盛んな国です）。

　まあ、この話に関しては「スリランカは日本からひどい被害を受けたわけではないからだ」とか「実際にはラオスやカンボジアは、経済支援という形で補償を受けている」とか「ジャヤワルダナにはいろんな思惑があった。それに、後には彼の仏教保護政策が行き過ぎて、タミル人の抑圧につながった」などと、いろんな指摘があるのも知っていますが、でも、こういうよりよいナラティブ（語られる物語）を、大切にしたいと思うんです。いい物語を紡ぐことって大事ですから。

ちなみに、現在、スリランカは多数派のシンハラ人と少数派のタミル人との抗争で苦労しています。日本にも「平和になるよう協力してほしい」という両陣営の心ある人たちが何度か来られていて、私も同席したことがあります。日本の仏教教団なんかも少しは協力したりしているんですけど……。ぜひとも、日本はもっと積極的に支援していきたいところです。

また、次に挙げる第二四〇番もよく知られています。

鉄から起った錆《さび》が、それから起ったのに、鉄自身を損なうように、悪をなしたならば、自分の業が罪を犯した人を悪いところ（地獄）にみちびく。（二四〇）

（超意訳：錆は外部から攻撃されて出現するのではなく、鉄自身から生じる。しかも、自身から生じたものなのに、鉄自身を滅ぼしていく。悪を為すということは、これと同じである。人間は自ら為した悪行によって、実は自分自身を滅ぼしていくのである）

この偈は「身から出た錆」ということわざの元になったそうです。本当かどうかはわかりませんが……。

この『ダンマパダ』は、かつて日本ではほとんど知られていなかったようです。日本で『ダンマパダ』の一般的な翻訳が出たのは大正時代です。

また戦後、浄土宗《じょうどしゅう》の僧侶である友松円諦《ともまつえんたい》氏が、NHKのラジオで「法句経講義」を放送しました。

『法句経』とは、『ダンマパダ』のことです。「ダンマ」は「法」、「パダ」が「句」、という意味ですから、直訳すれば『法句《ほっく》』です。中国ではこれに「経」という字をつけて『法句経』と呼称しました。

でも、『法句経』は『ダンマパダ』以外の経典も合わせてできているので、『ダンマパダ』よりも偈の数が多く、双方はまったくのイコールではありません。『法句経』は七五六偈あります（異本もあるので、もっと数が多いのも、少ないのもあります）。

この「法句経講義」の広告が出たとき、「それは『法華経《ほけきよう》』の間違いじゃないのか」という問い合わせがたくさんあったそうです。それほど『法句経（ダンマパダ）』が、まだ知られていなかったんですね。それまでの日本では、大乗仏教の経典が中心で、原始経典を読むということはあまりなかったんです。

本書に記載されている『ダンマパダ』の和訳は、当時の講座で使った中村元訳（岩波文庫）です。中村先生の業績に敬意を表すると共に、感謝申し上げます。

第一講　『ダンマパダ』への入り口

聖典を読むポイント

それでは一緒に『ダンマパダ』を読んでいきましょう。限られた講座回数の中で読むわけですから、順番どおり読んでいくのではなく、その都度テーマを設定して、そのテーマに沿った偈頌《げじゅ》を『ダンマパダ』から抽出して読もうと思います。そして、それを手がかりに仏教の感性や方向性を知っていただければと考えています。できるだけ易しくお話ししますが、最初の基礎知識の部分あたりは、ちょっと辛抱して聞いてください。みなさんと共有できる部分がないと、話が前に進みませんので。

さて、はじめに宗教の聖典を読む際のポイントをいくつか挙げておきます。これは仏教経典だけじゃなく、あらゆる宗教聖典に共通する部分です。

（一）声に出して読む

まずは「声に出して読む」こと。これは、宗教聖典を読む際の肝要です。非常に重要なポイントです。声に出して読むことによって、その教えが「身体化」すると考えてください。ちょうど教えが身体に沁《し》み込んでいくイメージ、着なれて身体になじんだ衣服となっていくイメージです。

宗教聖典の言葉というのは、読んでいるときは何ということはなくても、声に出して読んでいくうちに、身体のどこかに潜んでいったりするものです。すると、あるときぱっと何かと結びついて、聖典の言葉がありありと浮かび上がることがあるんです。実際にそういうことって起こります。

そもそも宗教聖典というのは、声に出して読むようにできているんです。ときには一人で、ときには大勢で、語るように歌うように、人の魂を揺さ振るように書かれているものなのです。

それに「黙読」というのは、人類史的に言えば、近代人が生み出したものだそうです。人間が黙読するようになったのはたかだか百～百数十年くらいのものらしいです。そういえば、昔は新聞を声に出して読むおじいちゃんとかがいましたね。とにかく、古代から人々は、文字というものは声に出して読んできたのです。

また、宗教聖典は、唱えやすいようにできているものが多いんですよ。対句になっていたり、韻を踏んだり、できるだけ調子よく読めるような単語を使ったり。ガーター（偈頌）などもその代表です。

そうそう、音楽の「ラップ」だってそうですね。あれはキリスト教の教会音楽の影響を受けてできたジャンルなんですけど、まるで言葉遊びのような独特の調子で歌うというか語るというか、リズムをつけますよね。多くの宗教聖典にもそういう部分があります。

だから、『ダンマパダ』にもリズムがあるんですよ。

例えば、こんな感じです。

ものごとは心にもとづき、心を主《あるじ》とし、心によってつくり出される。もしも汚れた心で話したり行なったりするならば、苦しみはその人につき従う。——車をひく〈牛〉の足跡に車輪がついて行くように。（一）

（超意訳：すべての現象や存在を、私たちは自分の心を通して認識する。いや、すべてのものは私たちの心によって生み出されると言っていいだろう。だから私の心が汚れたり歪曲《わいきょく》したりすれば、私に苦悩が生じる。すべてのものごとと私の心とを分離することはできない。ちょうど牛車《ぎっしゃ》の牛と車輪とが同じ方向に進むように）

ものごとは心にもとづき、心を主とし、心によってつくり出される。もしも清らかな心で話したり行なったりするならば、福楽はその人につき従う。——影が

そのからだから離れないように。(二)

(超意訳：すべての現象や存在を、私たちは自分の心を通して認識する。いや、すべてのものは私たちの心によって生み出されると言っていいだろう。だから私の心が清らかであり、ありのままを映すのであれば、私に喜びや楽しみが生じる。すべてのものごとと私の心とを分離することはできない。私の身体と影とが離れないように)

これは、二つで一句の一対になっているでしょ。韻も踏んでいるんですよ。「苦しみはその人につき従う」は、パーリ語では「タトー　ナン　ドゥッカマンヴェティ」。「福楽はその人につき従う」は、「タトー　ナン　スッカマンヴェティ」。「苦しみ」が「ドゥッカー」で、「福楽」が「スッカー」。「ドゥッカー」「スッカー」なんて、なんだか、こう、「常夏《とこなつ》・ココナッツ」とか「アテンション・シチュエーション・バケーション」みたいで、いいでしょ。これらは、繰り返し口に乗せて唱えやすいようにできているんですね。なにしろ文字化されるまでは、全部暗誦《あんじゅ》で伝えてきたのですから。

そんなわけですから、みなさんもこの講座での『ダンマパダ』の偈は、一緒に声に出して読んでいただきたいと思います。私も一緒に読みますから。恥ずかしがらないでくださいね。自分の耳に聞こえる程度の声でも結構ですので。私を一人、放っておかないでね。

ところで、宗教聖典を読誦《どくじゅ》するのとは別に、日常生活の中で〝自分の生きる姿勢をきちんと口に出す〟ということも、世界の多くの宗教が大切にしていることです。

例えば、イスラム教では「シャハーダ（信仰告白）」を毎日お祈りのときに唱えます。

ユダヤ教では「シェマー」というのを常日頃から唱えます。キリスト教にも「アーメン」や「ハレルヤ」などがあります。このように、口に出して自分の生きる方向、姿勢を表すのはとても大事なことなのです。

というわけで、この講座では開始時に「三帰依文《さんきえもん》」をみなさんとともに唱えることとします（こととします、なんて言いましたが、もうさっき一度やっちゃいましたね）。

「三帰依文」を口に出して言うことは、仏教徒となる世界共通の通過儀礼です。みなさんは、もうさっき唱えたわけですから、これで無事、仏教徒としてイニシエーションを受けられたことになります、はは。

でも、この中にはクリスチャンの方もおられますし、「この講座には参加するけど、仏教徒になると決めたわけじゃない」という方もおられるでしょう。そういう方は、合誦《ごうじゅ》（一緒に唱えること）しなくてもOKです。また、「仏教徒じゃないけど、おもしろそうだから一緒に唱えよう」なんてのもＯＫです。私などはそのタイプなので、けっこう他の宗教の文言を唱えたりします。

なんだか〝なんちゃってブッディスト〟を奨励しているようないい加減な話をして申し訳ないです。でも、この應典院にはいろんな人がいろんな思いで足を運ばれます。思想・信条・宗教は違っても、きっと「問い」は共有できると思うのです。「いかに生き抜くのか」「いかに死んでいくのか」「どうすれば他者に寄り添えるのか」、そんな「問い」をおもちの方ばかりです。ですからこの場は、あまり厳密にはこだわらない、といった雰囲気で進めたいと思います。

（二）好きになる

さて、次のポイントは「せっかく『ダンマパダ』を一緒に読むご縁となったのだから、まずは『ダンマパダ』を好きになる」ことです。とりあえず、無理やりにでも「ああ、いいねぇ、この言葉」などと好意的に読んでいきましょう。何ごとも「ああ、いいな」と感じて読まないとだめです。そうしたら、その言葉の良いところが見えてきますから。

斜に構えた態度で、「ふーん」とかいって読んでいても、心が共振しません。だんだんとつまらないところが目につくようになるだけです。せっかく読むんですから、オープンマインドで受け入れてみる。積極的に好きになって「ほう、こうくるか。うん、やられた」などと、虚心坦懐《きょしんたんかい》に読んでみると楽しめるかと思います。

(三)「出家者向きのメッセージも多いお経」という点に留意する

また、今回読んでいく『ダンマパダ』には、出家者を想定したメッセージが多く述べられているということも留意してください。もちろん、出家者・在家者関係なく、〝人間として〟という視点に立っている偈《げ》もたくさんあります。

仏教のお経には、出家者を中心として語られているものと、在家者を中心として語られているものとがあります。「出家」と「在家」については、また別の機会で詳述しますが、「出家者」はこの社会から出て生活をする修行者で、「在家者」はこの社会を普通に生きる仏教徒。まあ、そんな感じで考えてください。

在家者向けのお経にも、読んでみるとなかなかおもしろいものがあります。誠実な商売というのはどのようなものかとか、利益の分配とか、生活の細目について書かれていたりします。例えば、会社とか国は合議制で運営しなきゃいけないとか、縁故採用はよくないだとか、財産を減らさない心得とか、そういうことが書かれているお経もあるんです。

きっとそのうちに取り上げる機会があると思いますが、『シンガーラの教え（六方《ろっぽう》礼経《らいきょう》)』なども在家者が主人公の仏典です。ブッダが在家者の日常生活に対してさまざまな教えを説いています。

これに対して『ダンマパダ』には「子を望んではならぬ(八三)」とか「家から出て、家のない生活に入れ(八七)」とか「財を蓄えるな(九二)」といった出家者向けへのメッセージが語られています。私たちにそんなこと言われても困りますよね。私たちには、家庭もあり、社会を生きていかねばならないのですから。

でも、『ダンマパダ』は読めば読むほど味わい深い言葉がキラ星のごとく出てきます。「眠れない人には夜は長く、疲れた人には一里の道は遠い(六〇)」や「ただ誹《そし》られるだけの人、またただ褒められるだけの人は、過去にも未来にも現在にもいない(二二八:取意)」など、この社会を生き抜くメッセージも多く語られています。私たち在家仏教者にとって、いや仏教徒以外の人にとっても指針となり、現代人の苦悩に対してもきっと何か別の回路を提示してくれることでしょう。ですから、決して出家者向けだけの経典ではありませんし、また「出家」を説く言葉の中にも私たちが日常を生きる手がかりがあります。なぜなら、それは、たとえ出家という形態を選択せずとも、私たちが漠然ともってしまっている「自分の都合」という枠組みを揺さ振る言葉だからです。「ああ、そうか。そういう価値観だってあるんだ」「今までそんなふうに考えたことなかったなぁ」なんて感じることができれば、それだけでものごとを見る眼が少し変わるかもしれません。

薄紙が一枚一枚……本書を読んでくださっている方へ

本書は講座の収録をしたものです。ですから、オーディエンスが理解しやすいように、以前にお話ししたことを再度説明したり、繰り返し同じポイントを強調したり、同じ表現を何度も使ったりしている箇所が出てきます。

昔から「仏法は常に初事《はつごと》として聞け」という言い方があります。以前聞いた話も、初めて聞く気持ちが大切という意味です。繰り返し聞くことが薄紙が一枚一枚重なっていくように心身で納得していくのです。あるいは、お説教の内容がさっぱりわからなくても、百遍同じ話を聞いたら身につく、なんてことも言います。

でも書籍となれば、読んでいて重複感があろうかと思います。本文中にも書いておりますが、ライブ感を大切にするために重複部分を削除せず、そのままにしてあるところもあります。宗教教義のキモは何度も読んでもいいもんだね、などと温かい目で、ひとつ、よろしくお願いします。

ブッダ滅後のサンガの分裂と伝播

部派仏教

さて、ちょっと仏教という宗教の大まかな流れと現状をお話しした上で、仏教経典に関する基礎知識をお話しします。おもしろくないでしょうけど、これをやっておかないと、後々話がしにくいんです。しばしご辛抱を。

仏教は、今から二千五百年ほど前、北インドで生涯を送ったガウタマ・シッダルタという人を起点とします。この人物は、現在のネパールあたりで暮らしていたシャーキャ族（コメを主食にしていたモンゴロイドで非アーリア系）の出身です。シャーキャから「釈迦《しゃか》」と呼称されるようになります。また、「目覚めた人」という意味で、「ブッダ」とも呼ばれています。仏教はその後、西はギリシャ文化圏から東はアジア極東の日本にまで大きく展開し、数多くの系統を生み出します（現在、インドの西側の地域はイスラム圏になっていて仏教がほとんど途絶えてしまっていますが）。

ブッダが亡くなって百年くらいたつと、初期の仏教教団（サンガ）は分裂します。

まずは、保守派と革新派に大きく二つに分かれてしまうんですね。これを根本分裂といいます。さらに分裂が繰り返され、後年「部派仏教」と評される状態になります。保守派のほうが十一くらい、革新派のほうは九つくらいに分かれてしまいます。インド北方の記録では全部で二十部派、南方の記録では十八部派に分かれたと記されています。

やがて主に残ったのは、次の四大グループです。

インド北西部で有力だったサルヴァースティヴァーデン（説一切有部《せついっさいうぶ》）というグループ。ここは、（あらゆる存在に実体は無いという仏教の立場に対して）いくつかの要素は実在すると主張し、その実在要素をカテゴリー化した派です。存在は要素の集合だと考えました。

中央インドから西のほうを中心として有力だったサンミッティー（正量部《しょうりょうぶ》）というグループ。智慧《ちえ》の獲得の正誤について探求したグループだったようです。

南インドを中心に展開したマハーサンギカー（大衆部《だいしゅぶ》）というグループ。反保守的態度をもった流れです。

西インドから南インドにかけて展開し、その後スリランカを中心として大成したテーラヴァーダ（上座部《じょうざぶ》）。現在の上座部仏教は、この中のビバッジャヴァーデン（分別《ふんべつ》説部《せつぶ》）という系統が伝えてきた経典をベースにしています。

七世紀頃の玄奘《げんじょう》や八世紀頃の義浄《ぎじょう》など、中国からインドへと行った僧が書き残したものを見ると、その時代においてもこの四大部派仏教が大きな勢力だったことがわかります。すでに高度に展開していた大乗仏教よりもずっと大きな勢力だったようです。ちなみに玄奘は、『西遊記《さいゆうき》』に出てくる三蔵《さんぞう》法師です。「三蔵法師」というのは固有名詞ではなく、「経蔵」と「律蔵」と「論蔵」の三つに通じていて、仏典翻訳ができる人を指します。「経蔵」は、「ブッダの教え」部分をまとめたもの。「律蔵」は、「出家者のための規則や生活や修行方法」部分をまとめたもの。「論蔵」は、「解釈・研究」部分をまとめたものです。

部派仏教の各派は、それぞれ独自に、「経」「律」「論」を保持していたんですが、それらは残念ながら、現在残っておりません。現在、きちんと残っているのは南方上座部（テーラヴァーダ。最近はテーラワーダと表記するようになってきました）仏教の流れだけです。

お手元の資料の表を見てください。

《経蔵》

	パーリ語	和名		サンスクリット語	漢訳
1	ディーガ・ニカーヤ	(長部)	⇕	ディールガ・アーガマ	(長阿含経)
2	マッジマ・ニカーヤ	(中部)	⇕	マドゥヤマ・アーガマ	(中阿含経)
3	サンユッタ・ニカーヤ	(相応部)	⇕	サンユクタ・アーガマ	(雑阿含経)
4	アングッタラ・ニカーヤ	(増支部)	⇕	エーコッタラ・アーガマ	(増一阿含経)
5	クッダカ・ニカーヤ	(小部)	⇕	『法句経』『本生経』などバラバラで残っている	

(参考:《律蔵》…経分別・犍度部/《論蔵》…法集論、分別論など/《大乗経典》…『般若経』『法華経』『無量寿経』『大日経』『般若心経』など)

南方上座部仏教は、できるだけ原型を変えないでそのまま保持するという方針を採ったのできちんと残ったわけです。さすが保守本流。

大衆部と在家者が中心になって大乗仏教がつくられる

さて、私たち日本仏教と縁が深い大乗仏教はどうなんでしょうか。紀元前一世紀頃から、次第に成立していったと考えられています。

大乗仏教成立には、いくつかの説があります。かつて四大部派仏教の中の「大衆部」が展開して大乗仏教になったという説が有力でした。しかし東大の仏教学者である平川彰《ひらかわあきら》氏が、「ストゥーパ（ブッダの偉業を記念してできた塔）あたりに集まっていた在家仏教者たちが中心になって大乗仏教が興った」という説を提示し、この説が世界の仏教研究の主流となりました。

近年は、また「大衆部」説が盛んになってきています。きっと、大乗仏教は大衆部と在家の人たちが中心になってできていったのでしょうね。

大乗仏教は大乗仏教独自のお経をクリエイトしていきます。決して、完全な創作ではなく、部派仏教に伝承されてきたお経をもとにして思想展開していくわけです。また、最近の研究では、大乗仏教経典の中にもかなり古い思想や形式が残っていることもわかってきました。また、最初期からの原型を保持していると思われるパーリ語経典の中にも、「大乗仏教の影響が見られるものもある」という訳があったりと、これからの研究結果が待たれるところです。

とにかく大乗仏教経典は、いろんな象徴的如来が登場したり、在家者が活躍したりと、高度に深化した思想の一大体系です。また、宗教的パトス（情念）あふれる壮大な宗教文学という一面もあって、とても魅力的なのですが、今回の講座ではほとんど取り上げることはなさそうです。

視覚世界の仏教の流れ

どこまで伝播　東のはてと西のはて

仏教はインド文化圏から世界各地に伝播《でんぱ》していきます。東の端は日本にまで伝播しました。

では、西はどこまで行ったのでしょうか（もちろん現在では、欧米を含んで世界中に展開していますが）。

イランの北東、トルクメニスタンにメルヴという遺跡がありますが、そこから仏典が発見されています。つまり、少なくともトルクメニスタンあたりまでは仏教が伝播していたということです。ただ、どんな人たちがどのように仏教と関わっていたのかという実態は不明です。

現在、学術的に確認できるのはここまでですが（この講座開講時での話です。二〇〇八年十月には（まだ詳細はわかっていませんが）イランの最北西部ヴァルジュヴィ遺跡から仏教伝来の痕跡が発見されたという報道がありました）、ひょっとするともっと西にまで影響を与えた可能性もなくはありません。だって、ギリシャ文化圏は、インドのすぐ西隣りまできていたんですから。

とにかく紀元前二世紀にはギリシャ文化圏と仏教とが出会っていることは確かです。ギリシャ人の国家であるバクトリアの王・メナンドロスと、仏僧ナーガセーナとの対話が経典の中に残っているからです。

ギリシャにまで伝播?「ミリンダ王問経」にみる

バクトリアは、前三世紀から前一世紀にかけての約二百年間、現在のアフガニスタンあたりを中心に栄えた国です。ギリシャ人が統治しており、ギリシャ人がたくさん住んでいました。この地方から出土したコインを見ると、表はギリシャ人、裏はインド人の肖像といったデザインのものが出てきます。

このバクトリアの最盛期にメナンドロス王という人がいました。その王と仏僧との対話が『ミリンダパンハー(ミリンダ王問経)』です。ミリンダというのは、メナンドロスのことです。ギリシャ人で豊かな知性をもったメナンドロス王が、僧ナーガセーナに次々と質問したり、時には討論したり、時には感銘を受けたりと、なかなかエキサイティングです。

例えば、最初の挨拶《あいさつ》に王が「あなたのお名前は何と言われるのか?」と尋ねます

（まあ、普通ですよね）。ところがナーガセーナは「私はナーガセーナとして人々に知られております。しかし、それは仮の名前にすぎず、私の実体ではありません」と、いきなり変化球を投げ返します。

驚いた王は、「では、いったい目の前にいるあなたは何者なのか」といったようなことを問い返します。これに対し、ナーガセーナはいくつも例を挙げながら、「われわれは要素の集合体であって、実体はないのだ」ということを語るのです。ある意味、ギリシャ思想とインド思想の激突ですね。この経典では、最終的に王は仏教徒となったと述べられています。

ところで、この経典には、私のような浄土仏教者にとって興味深い記述があるんです。「悪を重ねてきたものでも念仏によって救われる」という話をナーガセーナが語っているのです。このあたりを読みますと、かなり初期の頃から「悪人でも念仏すれば救われる」という思想があったと思われます。ただ、ここで述べられている念仏は「ブッダガーター・サティ」で、ブッダを憶念するという意味での念仏（仏を念ずる）であって、現在のわれわれが言う「称名念仏（南無阿弥陀仏《なむあみだぶつ》と称《とな》える）」とは違います。

インドでの仏教の衰退とネオブディズム運動の興り

残念ながら、西に伝播した仏教は現在壊滅状態です。大部分がイスラム教徒です。

また、インドでは、仏教徒の数は人口の約〇・七%。ほとんど残っていません。ヒンドゥー教に飲み込まれるような格好になってしまっています。なにしろヒンドゥー教はインクルーシイズム（包括主義）傾向が強く、恐るべき融合力をもっています。ブッダもヴィシュヌ神（ヒンドゥー教の重要な神）の十ある化身の一つだ、とされてるんです。

ただ現在、中西インドのマハーラーシュトラ州あたりを中心として、新仏教運動（ネオブディズム・ムーブメント）が起こっていて、仏教徒へ改宗する人が増えています。

ビームラーオ・アンベードカル（1891-1956）

新仏教運動の提唱者は、ビームラーオ・アンベードカル（一八九一－一九五六）という人です。アンベードカルは、マハートマ・ガンジー（一八六九－一九四八）とともに、イギリスからインド独立を成し遂げた偉人です。インドの憲法も起草しています。いくらガンジーでも、アンベードカルなしには独立を果たすこ

佐々井秀嶺（1935-）（写真：共同通信社）

とはできなかったとも言われています。

でも、ガンジーのことはみんな知っていても、アンベードカルのことはそれほど知られていませんね。インドでも、アンベードカルは国民みんなに広く賞賛されているわけではないようです。

その理由の一つとして、彼がマハールという「ダリット（アウトカースト）」の出身だということがありそうです。十四人兄弟の末っ子だったそうです。

ガンジーは、仏教やジャイナ教の思想にも影響を受けていましたが、基本的には生涯ヒンドゥー教徒でした。しかし、アンベードカルは「人間を差別する宗教が本物であるはずはない」と言って、晩年にヒンドゥー教から仏教に改宗しました。当時、その考えに共鳴した数万の人たち（ほとんどがアウトカーストの人々）が、一緒に仏教へ改宗しました。その流れが、現在「新仏教運動（ネオブディズム・ムーブメント）」につながっているのです。

ですからこの新仏教運動は、反カースト運動という社会問題とも密接に連係しています。そうそう、アンベードカル亡き後このネオブディズム・ムーブメントを率いているのは、佐々井秀嶺《ささいしゅうれい》という日本人の僧侶《そうりょ》です。ただ、この人たち自身は、「われわれはスタンダードな仏教なんだから、ネオブディズムなどと呼ばないでくれ」と言っています。

一説には、今、インドに七千万人から一億人のネオブディストがいると言われています。

南はテーラワーダ、北はマハーヤーナ

現在、世界の仏教状況は、大きく二つに分けることができます。まず、アジアの南のほうに目を向けますと、スリランカ、ミャンマー、さらにはタイ、カンボジア、ラオスの各国、このあたりの主たる仏教は、「テーラワーダ（上座部）仏教」と呼ばれています。

テーラワーダは、初期からの仏教の形態をできる限り維持しようとする特徴があります。また、出家者と在家者との相違が明確なのも大きな特徴です。例えば、出家者は貨幣や女性にも触れないといった厳しい戒律（具足戒《ぐそくかい》）を守り、修行と学問の生涯を送ります。そして在家者はそれをサポートするという関係になっています。ある意

味、すでに完成している仏教だと言えるかもしれません。ずっと尼僧サンガ（女性出家者の共同体）が途絶えてしまっているのですが、近年復興の動きがあるそうです。また、テーラワーダ仏教圏においても、サルボダヤ運動（仏教をベースにした地域開発運動）のように、社会問題に積極的に関わり、よりよい社会をつくろうとするムーブメントもあります。

北のほうはどうでしょうか。インドの北東にネパールがあります。ネパールは二〇〇七年までヒンドゥー教を国教としていました。そしてその横にブータンがあります。ブータンは仏教（チベット仏教）を国教としています。そこから東へ、チベット、中国、ベトナム、台湾、朝鮮半島、そして日本、こちらの地域で展開している仏教の主流を「大乗（マハーヤーナ）仏教」と言います。

大乗仏教の特徴は、社会や他者へ積極的に関わろうとするところにあります。ですから、それぞれの土地、民族、風習によってどんどん姿を変えていく側面をもっています。保守派に対する改革派といったところでしょうか。だから、大乗仏教って、これからもまだ変わり続けるんだろうと思うんです。日本仏教に至っては、出家者と在家者との相違は極少になってしまいます。また、すべての生きとし生けるものが救われることを目指す「自利利他」に重心を置きますので、さまざまな如来が語られ、篤《あつ》く信仰されています。

と、まあ、世界の仏教は「上座部仏教」と「大乗仏教」とに大別できるのですが、実際にはそれぞれの地域や文化や民族で相違するところもあったりするので、多種多様です。「高い山ほど裾野《すその》が広い」といったところでしょうか。

お経とは何か

私はブッダからこう聞いた

仏教経典は、俗に「お経」と言いますね。「お経」はブッダの教えを記録したものです。みなさんはお坊さんの読む、聞いていてもさっぱりわからないのが「お経」だというイメージがあるかもしれません。でもおもしろいことがたくさん書いてあるんですよ。

「お経」にはいろんな系統があり、また成立年代にもばらつきがあるので、これもまた説明するのが大変です。そもそも「何をもって『お経』とするか」という線引きさえ諸説ありまして……。ひと口に「お経」と言っても、狭義にも広義にも解釈されています。

ちなみに大正十三年から十年かけて日本で編纂《へんさん》された『大正新脩《たいしょうしんしゅう》大蔵経《だいぞうきょう》(仏教経典の叢書《そうしょ》)』には、全百巻の中に約三千五百部・一万三千五百巻の「お経」が収められています。これが一番広義の「お経」と言えるでしょうか。現在、最も信頼されるテキストとして世界の仏教研究者が使っている優れモノです。

さて、最初の「お経」は合議制によって成立しました。

ブッダの死後、すぐに主だった弟子たちが参集して、お互いにブッダの教えを話し合い確認し合いました。これを、「結集《けつじゅう》（サンギーティ）」と呼びます。「結集」では、ブッダの教えが暗誦され、その上でみんなが「うむ、それはブッダの教えに間違いない」と認めたものだけを伝承することにしました。この伝承された教えを「阿含《あごん》（アーガマ）」と言います。「お経」のはじまりです。最初の「結集」の際、「経蔵」部分の担当者は、アーナンダという出家者でした。ブッダの言葉を最も多く聞いた人物だと言われています。ブッダは八十歳まで生きたのですが、高齢となったブッダの身の回りを世話していたのがアーナンダです。ブッダの臨終にも付き添っていた人です。

「律蔵」部分の担当者は、ウパーリという出家者です。この人は「律」に関するエキスパートだったんですね。「律」は出家者のための約束事・規範です。

ウパーリは、非常に低いカースト（ヒンドゥー教社会の身分制度）の出身であったようです。あるきっかけでブッダの教えを聞き、「私も仲間に入れてください、もっと話を聞かせてください。低いカーストの者は出家者になれないのであれば、みなさんの奴隷として使ってもらってもかまいません」と申し出ます。ブッダはそのとき、

「人は生まれによって卑しいのでもなければ尊いのでもない。そのおこないによって、卑しくもなり尊くもなる。ウパーリ、よく来た。お前は私たちの仲間だ」、そう述べてウパーリを迎え入れたと伝えられています。

このブッダの語りは、二千五百年の時を経ても、色あせることのない、輝ける言葉だと思います。

みんな暗記していた

「お経」は、ブッダが亡くなった後、少なくとも三百~四百年間は文字化されませんでした。

その間は、口伝だったんですね。お経を専門に覚えた人もいれば、律を専門に覚えた人もいました。全部覚えた人もいたようです。

あんな膨大なものをずっと覚えるなんて、すごいですよね。きっと毎日毎日それで精一杯だったろうなぁと思います。

考えてみれば、インドは人類史上、名だたる記憶大国です。私たちが想像できないくらい、とにかくケタはずれにすごい記憶力なんです。

なにしろ、仏典は「文字化されてからのほうが記述の間違えが生じた。文字化しないで口伝だったほうが一字一句間違いがなかったんじゃないか」などと言われるほどなんです。いやぁ、すごい話ですね。そういえば、インドの児童は九の段までじゃなく四十の段くらいまで覚えるそうじゃないですか。そのせいかどうかわかりませんが、今やIT大国ですね。

お経の分類

お経は、九種類（九分経）や十二種類（十二分教）に分類されてきました。例えば、ブッダの教えをそのまま文章で書き記したものは「経・修多羅《しゅたら》（スートラ）」、その教えを韻文で述べられたものは「伽陀《かだ》・偈頌《げじゅ》（ガーター）」、質問されて答えたものではなく自らの意思で話したもの「優陀那《うだな》（ウダーナ）」、仏弟子たちの未来について述べたもの「記別（ヴィヤーカラナ）」、ブッダの過去世について述べたもの「本生《ほんじょう》（ジャータカ）」、教説を解説したもの「優婆提舎《うばだいしゃ》（ウパデーシャ）」などなど、内容やテーマや形式によって分類されました。

でも、お手元の資料に載っている「ディーガ・ニカーヤ」とか、「マッジマ・ニカーヤ」といった「お経」の分類は（二八ページ参照）、「長いもの」「中くらいのもの」「短いもの」「テーマ別」などといった分類法を使っています。そこに載っている「ディーガ・ニカーヤ」のディーガは「長い」という意味で、ここには四つのお経がカテゴライズされています。これに対応するサンスクリット語の「ディールガ・アーガマ」は三十のお経が分類されており、「長阿含経」として漢訳され、早くから日本に伝わっています。

「マッジマ（中くらい）・ニカーヤ」は百五十二のお経。「サンユッタ・ニカーヤ」は、テーマごとに分類したお経で、阿含経の「相応部」に相当します。これは短いものが二千八百ほどもあります。「アングッタラ・ニカーヤ」は、数に基づいてまとめられた経典集で、やはり二千以上の短い経がおさめられています。そして「クッダカ（小さな）・ニカーヤ」は十五のお経がカテゴライズされています。

サンスクリット語のお経

上座部仏教のほうは、パーリ語で書かれたお経を読みます。先ほどみんなで読んだ「礼拝文《らいはいもん》」と「三帰依」、あれもパーリ語です。毎回、講座の開始時にみんなで唱えましょう。

［礼拝文］

Namo Tassa Bhagavato Arahato Samma-Sambuddhassa.

ナモー　タッサ　バガヴァトー　アラハトー　サンマー　サンブッダッサ

（阿羅漢《あらかん》であり、正自覚者であり、福運に満ちた世尊に、私は敬礼したてまつる）

［三帰依文］
Buddhaṃ Saraṇam Gacchāmi
ブッダン・サラナン・ガッチャーミ（私は仏陀に帰依いたします）
Dhammaṃ Saraṇam Gacchāmi
ダンマン・サラナン・ガッチャーミ（私は法［真理］に帰依いたします）
Saṅghaṃ Saraṇam Gacchāmi
サンガン・サラナン・ガッチャーミ（私は僧［仏教者の共同体：「サンガ」については八三ページ参照］に帰依いたします）

さて、これに対して、大乗仏教のほうのお経はサンスクリット語で書かれました。サンスクリット語は古式ゆかしき格式高い言語で、宗教聖典の記述に使われてきました。インドの「ヴェーダ聖典」もサンスクリット語で書かれています。

パーリ語は、サンスクリット語よりも話し言葉に近いんです。といっても、実際に話していた言語というわけじゃなくて、パーリ語も「聖典用の言葉」です。

大乗仏教の仏典には、このサンスクリット語のもの、そしてそれをもとに中国で翻訳されたものと、チベット語に翻訳された仏典があります。サンスクリット語の仏典はきちんとまとまって残っておらず、漢訳された四つの「阿含経」が整った形で伝わっています。

「長阿含経」は、北のほうにあった法蔵部系の部派に伝えられていたものが残っています。

「中阿含経」と「雑阿含経」は、説一切有部系の部派、「増一阿含経」は大衆部系の部派に伝承されてきたものが残っています。

「クッダカ・ニカーヤ」は、サンスクリットのほうでは、一つのカテゴリーとしては残っていません。『ウダーナ・ヴァルガ（自説経）』や『ジャータカ（本生譚《たん》）』や『テーラガータ（長老偈《げ》）』、『テーリー・ガータ（長老尼偈）』や『スッタニパータ（経集）』や『ダンマパダ（法句経）』などが、バラバラに伝わっています。

つまり、パーリ語経典の五分類の中、「クッダカ・ニカーヤ」に『ダンマパダ』があるのです。

ああ、やっと、『ダンマパダ』がポジショニングできるところまで来ました。みなさん、お疲れさまでした。

『法句経』と『法句譬喩経』

『ダンマパダ』は、パーリ語経典の「クッダカ・ニカーヤ」にカテゴリーされているお経です。『ダンマパダ』とよく似た内容で『ウダーナ・ヴァルガ』というお経があります。サンスクリット語の『ダンマパダ』といったところでしょうか。

先ほどのお経の分類にも出てきましたが、「ウダーナ」とは、「自分で話し出した」という意味です。誰かに質問されてブッダが答えたとか、何か出来事があってブッダがお話をはじめたというのではなく、ブッダ自らが感じいって話したものです。中村元氏は「感興の言葉」と訳しています。

パーリ語の『ダンマパダ』とサンスクリット語の『ウダーナ・ヴァルガ』と、その他のものも寄せ集めて成立したのが、漢訳の『法句経』です。

『ダンマパダ』には、後世の人がそれぞれの偈に物語をつけました。それらの物語を集めたものが、『法句《ほっく》譬《ひ》喩経《ゆきょう》』とか『出耀経《しゅつようきょう》』です。機会があれば、これから『ダンマパダ』の偈をご一緒に読む際に、こちらも参考としてご紹介したい思いもあるのですが、時間的に難しいようです。

ものごとは心によってつくりだされる

自分のあり方を変えることによって、生き方を変える

さて、では、いよいよ『ダンマパダ』を読んでいきます。

まず最初の一句です。

ものごとは心にもとづき、心を主とし、心によってつくり出される。もしも汚れた心で話したり行なったりするならば、苦しみはその人につき従う。――車をひく〈牛〉の足跡に車輪がついて行くように。（一）

ここからは、仏教の基本的な性格を読みとることができます。

それは「自分のあり様や認識などを転換することによって、苦悩を解体していく」という方向性です。

もしかすると、「ああ、それはそうだろうな」程度の印象をもつ人がいるかもしれませんが、「神が世界を決定している」といった宗教や、「神への信仰」を第一義とする宗教とはずいぶん方向性が違うところに注目してください。

なにしろ、ブッダ在世の当時は、「ブラーフマナの宗教（バラモン教）」が中心の社会です。世界はブラフマンを中心とした神々が支えており、苦しみも楽しみも、生まれも人生も仕事も結婚も、「神の意思」「神のワザ」が関わっているという感覚が支配的でした。そんな文化土壌の中で、ブッダは自らのあり様を徹底的に分析して、主体的に転換するという道を提示したんですね。

この「第一偈」、中村元先生は「心」と訳されていますが、原語は「マナス」です。「心」という言葉を使うと、現代ではかなり意味が限定されてしまうかもしれません。「マナス」は、精神の働き全体だと考えてください。精神の働きの転換によって、苦悩が発生する根源を断つ、そういうことです。

これは全仏教に共通する基本姿勢です。

かつて、仏教は、インド哲学から「ナースティカ」と呼ばれました。「ナースティカ」とは、いわば無神論者のことです。現在の宗教学でも、仏教は「神なき宗教」とも言われています。もうこの時点で、仏教はタダ者じゃない予感がしますね。

自分という枠組みを通してものごとを認識する

仏教では、私たちの認識は「自分の都合」によって歪曲《わいきょく》していると考えます。例えば、みなさんが聞いてる私の声だって言葉にならない部分や雑音がいっぱい耳に入っているんです。でも、脳が必要な情報だけ取り入れて、いらない情報は捨てている。だから、話を聞くことができ、意味がわかるというわけです。

ホントは、ガサガサした音とか、表の通りの音とか、人の息づかいとか、耳を通していろんな刺激が脳には伝達されています。ある高名な精神科のお医者さんに聞いたのですが、統合失調症の患者さんはそういった刺激や情報を取捨選択したり、うまく秩序立ててできなくなっているのだそうです。そうなると、とてもじゃないけど生活できないでしょう。無秩序に、いろんな音が聞こえたり、いろんなビジョンが見えてしまうわけですから。大変な苦しみだと思います。

みなさんが見ているこの光景、私が中央に立っていて、ご本尊が後ろにあって、ホワイトボードがあって……、このシーンだって、ありのままではありません。「見える」ということは、外から入った刺激を脳の中で再映像化しているんですね。だから、ここに存在しないものが見えても不思議ではありませんし、逆にここにあるのに見えないことだって起こります。例えば、ここにこんなモノ（壇上の水差しを指す）がありますす。もちろん、みなさん、見えているのでしょうけど、この中に誰かこのモノに対して強烈なトラウマがあるとか、過酷な幼児体験があったりしたら、その人は無意識にこの水差しの映像を拒否することも起こります。つまり、その人だけ、これが見えないという現象が起こるわけです。

「ヒューマンエラー」という研究分野があって、人間のメカニズムに基づいた失敗を研究しています。その研究者が「あのね、人間は見たいものしか見えない。聞きたいものしか聞こえないんですよ」と言っていました。だからこそ、人間特有のエラーが起こるそうです。

このように、私たちは自分という枠組みを通して外界を見、物事を判断し、感情を生み出しているわけです。

だから、この自分のもっている枠組みを転換することによって、生き方が転換できる。生き方が転換できるということは、生きていく上で直面せざるを得ない苦しみを、引き受けて生きていけるということです。

それが仏教の基本姿勢です。

自己を調えよ

では、そのためにはどうしたらいいのでしょうか。

ブッダは「自己を調えなさい」と何度も繰り返しています。

仏教には、「自己を調える」ことに関する技法やトレーニングの体系があります。その中で、今日は、「三業」を調える、というお話をしましょう。「三業」を調えるとは、「身体を調える」「言葉を調える」「心を調える」ということです。

(一) 身体を調える

まず、「身体を調える」です。行為を調えることとも直結しています。

身体を調える第一歩は、〝極端な行為をしない〟ようにすることです。気がつかないうちに、私たちのやっていることは〝極端〟になってしまいます。ブッダはこのことをとてもよく知っていました。だから、随所にこのことを警戒するように語っています。安楽な生活を求めているうちにいつの間にか貪欲《どんよく》なエゴイズムになっていたり、修行をしているうちに非人間的な苦行になってしまったりするわけです。人間っていろんな場面で「過剰」になり、「自分でもコントロールできなくなる」ことが起こります。「中絶反対運動がエスカレートし、産婦人科医院を襲う」「環境問題や動物愛護運動がエスカレートして、イルカやクジラを救うために船を爆破する」「健康オタクが、『健康のためなら死んでもいい』って感じになる」など、人間ってホント、変なことになっちゃいますよね。負の連鎖が止まらなくなるんですね。極端な行為を慎むことは心を調えることとも連動しています。

具体的には、「姿勢を調える」「歩行を調える」「坐《すわ》ることを調える」「発声を調える」「呼吸を調える」「食事を調える」など、さまざまな技法があります。

例えば、「呼吸を調える」などは、有名な「アーナーパーナ・サティ」という呼吸法があります。

「アーナ」が吸気で、「アパーナ」が呼気、「サティ」は意識、という意味になります。つまり、意識して呼吸する、あるいは心を込めて呼吸する。それが呼吸を調えることになるわけです。

われわれは、イライラしたり嫌なことがあったり、不安や恐れや怒りがあると、知らないうちに呼吸が短くなります。もう、怒りに心身が支配されちゃって、呼吸のことなど頭の片隅にもありません。

嫌なことがあったとき、不安なとき、心が苦しいとき、そういうときにはまず呼吸を調えてみましょう。

「アーナーパーナ・サティ」の基本は、出息長・入息短といって、長～く息を吐いて、短く息を吸います。普通は意識しない限り、吸う息と吐く息ってそれほど極端に長さが違うことにはなりません。そこを意識して、長く吐き、短く吸うわけです。

この「アーナーパーナ・サティ」は、漢訳経典である『大安般守意経《だいあんぱんしゅいきょう》』によれば大きく分けて六段階ありまして、この六つをステップ・アップしていけば、呼吸の達人となれます。

六段階とは、「数息《すそく》・相随《そうずい》・止・観・還《げん》・浄」です。「数息」は、数を数えながら呼吸します。ちょっとやってみましょうか？「ひと～つ」「ふた～つ」……、二十秒くらい長～く吐いて、吐ききった反動で短く吸います。これを十まで数えてやってみます。十までいくと一に戻ります。

「相随」は、もう数を数えなくても意識した呼吸ができるようになったランクです。

「止」は、意識を集中することです。鼻とおへその間あたりに意識を集中して、呼吸法をやってみます。

「観」は、呼吸法を実践しながら、自分の身体の状況や心の状況を観察します。「私は今、長く息を吐いています」とか、「今、ちょっと明日の仕事のことを考えてしまいました」とか、そんなことを確認しながら呼吸法を実践します。

「還」とは、心身が解放された状態です（このあたりになると、説明が難しい……）。

そして最後の「浄」は、これまでの五段階がバランスよく実践されている状態です。

呼吸一つをとっても、この調子ですから、一つひとつ説明していたら、キリがありませんね。この「呼吸法」に興味がある人は、『大安般守意経』を一度読んでみてください。「心は心で制御することはできない。だから呼吸で制御するのだ」などと書いてあったりして、なかなかおもしろいですよ。

ちなみに、パーリ語経典である『アーナーパーナサティ・スッタ』によれば、「身体」「感受」「心」「智慧」の四領域に、それぞれ四つずつの呼吸法トレーニング（計十六のポイント）が詳述されています。こちらは呼吸中の「意識」と「目覚め」の働きに関してとても具体的に述べられています。

また、ブッダは摂食についても語っています。出家者は午前中しか食事をとることができません。もともと仏教には「厳格な食規範（食べてはいけないもの、食べてよいもの）」はなかったようです。肉食を避けてきたようなイメージがありますが、ヒンドゥー教やジャイナ教のようにベジタリアンがすばらしいという思想は（もともとは）なかっただろうと考えられています。というのは、他者の施しもので生活するわけですから、施されたものはなんでも食べなければなりませんものね。

それよりも大切なことは、「食べる時期を知る」「食べる量を知る」「食べ物を分配する（他者に施す）」ということだったのだろうと思います。

ブッダ在世当時、インドの北のほうには十六の大国があったと言われているのですが、中でもマガダ国とコーサラ国が強大でした。やがてマガダ国がインドを統一することになります。このマガダ国もコーサラ国も仏教に帰依しました。マガダ国では竹《ちく》林精舎《りんしょうじゃ》が建立され、コーサラ国では祇園《ぎおん》精舎が建てられます。

このコーサラ国の王はパセーナディーという人で、ブッダと同年代だったみたいですね。

「サンユッタ・ニカーヤ」の中に、コーサラ国でのことを記したお経があるんですが、そこに、ブッダがパセーナディー王に「あんた太りすぎやで」と言っているシーンがあるんです。おそらく彼は、人類史上唯一ブッダに太りすぎだといわれた男じゃないかと思うんです。それだけでもなんだか、たいしたもんですね。

みなさんのお手元の資料に有名な手塚治虫《てづかおさむ》の『ブッダ』から引用したパセーナディー王を載せました。こんな人だったんでしょうか。この人の奥さんはマリッカという人で、夫婦で仏教徒になっています。また娘さんはシュリマーラという人でした。シュリマーラは「勝鬘《しょうまん》」と音訳され、『勝鬘経』の主人公として登場しています。たいへん心の優しい立派な女性仏教者だった人のようです。

さて、不健康な肥満状態の王に、ブッダは「食事の前にこの文言を唱えてから食事しなさい」と言います。その文言が「人、当《まさ》に自ら繫念《けねん》して、毎食、量を節するを知るべし。ここにすなわち諸々《もろもろ》の受薄く、安消にして寿を保つ」というものです。これ、たいして長くないのですが、パセーナディー王は覚えられなかったようです。それで、横にいる家来の者に「ワシは覚えられんから、お前かわりに覚えろ。いいか、俺が食べる前に必ずこの文言を言うのだぞ」と命じます。

それで、その後は、食事の前に必ずその言葉を聞いてから食事しました。そのため、次にブッダと会ったときにはすっかり健康的になっていたということです。

(二) 言葉を調える

身体と精神とを不可分と考える仏教では、身体を調えることはとても大切です。では、〝言葉を調える〟とはどういうことでしょうか。仏教は、言葉をとても慎重に扱います。

大乗仏教徒にとって大切な十善戒というのがあります。十の注意すべき指針なのですが、そのうちの四つは言葉に関することです。いかに仏教が言葉の乱れを警戒したのかがわかりますね。

「マッジマ・ニカーヤ」の『鋸喩経《こゆきょう》』の中では、言葉を発するときの五つのポイントについて述べられています。

一、「時機は相応か」

「時機」の「時」はタイミングです。言葉を発するタイミングが適切かどうか、ということです。「機」は話す相手のことです。この言葉は、「いつ」「誰に」使うべきなのか。それは適切かどうかをチェックするのです。

二、「その言葉は慈しみに満ちているか、憎しみに満ちているか」

三、「その言葉は事実であるか、事実でないか」

四、「その言葉は有益であるか、無益であるか」

五、「その言葉は柔和であるか、乱暴であるか」

この五つを常に心がけて、チェックしながら自覚的に言葉を使っていれば、言葉は調っていくわけです。八正道にも「正語」があり、五戒には不妄語戒があります。嘘や不確かなことや人を惑わすような言葉を使わない習慣を身につけます。

ですから、「あなた、占ってあげる。……あっ、三十歳まで結婚できないよ」とか、「君、B型なの？　自己中心的だね」なんて会話も、仏教の立場から言えば好ましくありません。

(三) 心を調える(香りが染みつくように)

三つ目は「心を調える」です。先ほども言いましたが、「心」というと少し狭い意味に受けとられがちですが、精神というか、意思とか感情とかを全部含んだもの、精神的な活動全部を指すと考えてください。

さて、なんといっても、心を調えるのが仏教のメインラインですから、これもお話ししたいことはたくさんありますが、今日は代表的な「止」と「観」をご紹介しましょう。

「止」は、心身を静寂の状態に保っておこなう瞑想《めいそう》です。坐禅《ざぜん》や阿字観《あじかん》などもこの系統だと言えます。サンスクリットの原語は「シャマタ」で、あらゆる精神活動がストップした状態を目指します。

これに対して「観」は、日常生活を営みながら、その行為を一つずつ観察するというものです。サンスクリットの原語は「ビパッサナー」です。例えば、苦しい状況に陥ったら、「苦しい、苦しい」で心身のすべてを支配されてしまってはいけないんですね。どこかで「ああ、こういう手順で『苦しい』と感じている自分がいる」と観察するのです。誰かを好きになったら、「もう、好き好き大好き!」状態はだめなんですよ。「『あの人を好きだ』と強く思う自分がいる」と観察します。いわば自分自身の状態に「気づく」わけです。支配されずに「自分は今、こういう連鎖でこういう状態になったのだな」と観じているうちに、心のバランスを調えることができるのですね。仏典には、心を調えるとは「布などに香りがついていくイメージだ」と何度も語られています。

〔布に匂いが染みつくように、あるいは何かのモノを縛った縄にその縛ったモノの匂いがつくように。私たちは、自らの行為や使った言葉が匂いとなって心に段々と染みついていく。この連鎖は意識しない限り絶対に止まらない〕という話が『ダンマパダ』に基づくストーリーが展開される『法句譬喩経』に出てきます。

大乗仏教の唯識《ゆいしき》に「薫習《くんじゅう》」という言葉があります。現象や存在は実体として存続するわけじゃないけど、香りが移るように連鎖していく。大切なことはいかに良い香りを身につけていくか、ということですね。加齢臭を気にするよりも、自らの心に染みつく香りに注意をはらわねばなりません。

では、どんなのが良い香りで、どんなのが悪い匂いなのか。あるいは、どんなのがいいも悪いもない匂いなのか。仏教には、そういうことを実に綿密にカテゴライズしたアビダルマという体系があります。こちらに興味がおありの方は、『倶舎論《くしゃろん》』というスタンダードな仏教の大著があります。これを専門に勉強する宗派（倶舎宗）もあったくらいです。古来、「唯識三年、倶舎八年」と言って、「唯識」を学ぶには三年、「倶舎論」を学ぶには八年かかる、ってくらいのものです。

読んでみたらわかりますが、あっという間に心地よい睡眠へと達することができます。「もうよろしいがな。それで結局どないせえいうねん」って必ず言いたくなります。それほど細かく心の働きや認識を分類し、そこに仏教的価値観の判断を加えています。

こうなるのも、仏教が自己分析と臨床と人間観察でできた体系だからですね。だから、仏教と精神分析や精神療法や行動療法などは似ているところがある、と言われるのでしょう。

苦の連鎖を断ち切るには

すべては変化している。苦も変化する

さて、では次の『ダンマパダ』第二番について考えてみましょう。第一番と対句になっています。

ものごとは心にもとづき、心を主とし、心によってつくり出される。もしも清らかな心で話したり行なったりするならば、福楽はその人につき従う。――影がそのからだから離れないように。(二)

仏教ではすべてのものは単独で成立せず、しかも刻々と変化し続けると考えます。ご存じの「縁起」「無常」です。仏教思想最大の特徴の一つですね。「常一主宰(決して変化せず、何ものにも依存せず、何ものとも関係せず、純粋に一つで存在する実体)」の否定です。

仏教は「実体がない」という論理を立てるんですが、それはなぜかというとすべては変化し続けているからですね。仏教では、変化するものを実体とは考えません。すべては変化し続けている。しかもすべての存在・現象は原因に縁《よ》って生起している。さらに、存在・現象はいろいろな関係性によって成立している。

そういえば、そのあたりに咲いている花でもよく観察していると、もう残酷なまでに刻々と姿を変えていきますよ。拙寺は田舎にあるので、そういうのをときどき実感します。そして、それを見ている私自身も刻々と変化しているわけです。仏さまの眼から私たちを見れば、それがありありとわかるのかもしれません。

ですから、楽も苦も一時的状態です。ただ、楽の連鎖や苦の連鎖が起こっているのです。楽からも苦からも離れることを「苦楽中道」と言います。

憎しみの連鎖を断ち切る手法――キリスト教と仏教の違い

ここでちょっと、仏教の特色をわかりやすくするために、他の宗教と比較してみましょう。神への信仰を中軸としたキリスト教の『聖書』にある「パウロの手紙」から引用します。

愛する人たち、自分で復讐《ふくしゅう》せず、神の怒りにまかせなさい。「『復讐は私のすること。私が報復する』と主は言われる」と書いてあります。あなたの敵が飢えていたら食べさせ、渇いていたら飲ませよ。そうすれば、燃える炭火を彼の頭に積むことになる。悪に負けることなく、善をもって悪に勝ちなさい。(ローマ信徒への手紙一二・一九~二一)

「復讐は私のすること。私が報復する」とあります。これ、かつては文語体で「復讐するは我にあり」となっていました。私は今でも、文語体調の『聖書』のほうが好きです。「貧しき人々は幸いである」よりも「幸いなるかな貧しき者」のほうがぐっときます。

『復讐するは我にあり』という映画がありましたが、この『聖書』の言葉からとったんですね。佐木隆三《さきりゆうぞう》の原作、今村昌平《いまむらしようへい》の監督でした。連続殺人を犯した西口彰《にしぐちあきら》の事件を題材にした作品で、上映されたのは確か私が高校生か大学生くらいだったと思いますが、怖い映画でしたね。主演は緒形拳《おがたけん》でした。小さなアパートの一室で、殺害死体を横に緒形拳がお茶漬かなんかを食べているシーンは、ぞっとしました。

「あなたの敵が飢えていたら食べさせ、渇いていたら飲ませよ。そうすれば、燃える炭火を彼の頭に積む」とありますが、「燃える炭火を頭に積む」というのは、顔が真っ赤になって恥ずかしくなるというような比喩《ひゆ》らしいです。

敵に復讐するな。復讐は神にまかせよう。復讐というものは、神のすることなんだと言うんですね。

これは、人間とはまったく異なる存在、絶対なる存在におまかせすることによって、憎しみの連鎖を断ち切るという手法です。

手法の違いはありますけど、説こうとしているところは仏教と同じです。説明のつかない苦しみ・不条理な苦しみをどうやって引き受けていくか、どうやって意味づけていくか。その知恵の結晶、その体系こそが宗教だ、という一面があると思います。

キリスト教のように「外部に絶対的なるものを設定することによって憎しみの連鎖を断つ」という手法もありますし、仏教のように「トレーニングによって自己を転換させる」という手法もあるわけです。

自分の死をリアルにイメージすることで苦の連鎖を断ち切る

次に第六番を読んでみましょう。みなさんもご一緒に。声を出して読んでくださいね。

「われらは、ここにあって死ぬはずのものである」と覚悟をしよう。——このことわりを他の人々は知っていない。しかし、この知る人々があれば、争いはしずまる。(六)

(超意訳：私たちは間違いなく死ぬ存在なのである、それをリアルに実感し覚悟しよう。みんな、頭でそのことはわかっていても、本当に死を覚悟して、死を引き受ける人はめったにいない。もし、みんながこのことをしっかりと理解できれば争いはしずまるのだ)

自分はいずれ死ぬということを身も心も実感することによって、怨《うら》みとか憎しみの連鎖を断ち切ろうということです。みなさんだって「明日死ぬ」というイメージをリアルに感じることができれば、きっと「今日、誰かとケンカしよう」とは思わないでしょう。そういうことです。

仏教では死をイメージするトレーニングが、さまざま実践されてきました。死をリアルにイメージすることで、自分がもっている枠組みが揺さ振られるんですね。普段すごく大事に思っているものが意外につまらなく思えたりとか、普段考えてもいないことがパッと出てきたりします。

そういえば、もう十年以上前になりますが、テレビの「ニュースステーション」という番組で久米宏《くめひろし》さんが「最後の晩餐《ばんさん》」というコーナーをやっていました。いろんなゲストを呼んで、「あなたは、明日死ぬとしたら今晩何食べますか」ということを聞くんです。「おにぎり一個」とか、「お母さんが焼いた卵焼き」とか、「たばこ一服吸いたい」とか、ヘンなことを言う人が多かったです。きっと、その人の日常的な枠組みが揺さ振られて、自分でも思わぬものが浮かび上がったりしているに違いありません。

そうそう、みなさん「九相図《くそうず》」という絵図をご存じでしょうか。京都市にある浄土宗住蓮山安楽寺《あんらくじ》のものなどが有名ですよね。小野小町《おののこまち》のような絶世の美女が死に、遺体となる。その遺体が次第に腐敗して、白骨化していく様を描いたのが「九相図」です。内臓が腐るとガスがたまって体がぱんぱんに腫《は》れたり、獣や鳥や虫に食われて目玉が刳《く》り出されたり、だんだんと肉塊になって……、最後は骨となり、土に還《かえ》ります。こういう「無常観」を想起させるアートを、日本仏教はたくさんクリエイトしてきました。このようなリアルな図像を活用して、死のイメトレを実践していたんでしょう。そうして自分は何を大切にして生きているかを点検していくわけです。

「遺体が自ら語る残酷なまでの無常」と正面から向き合い、つぶさに観察するという行為は、遺体を保全する「エンバーミング」みたいなものとは、まったく逆の方向で

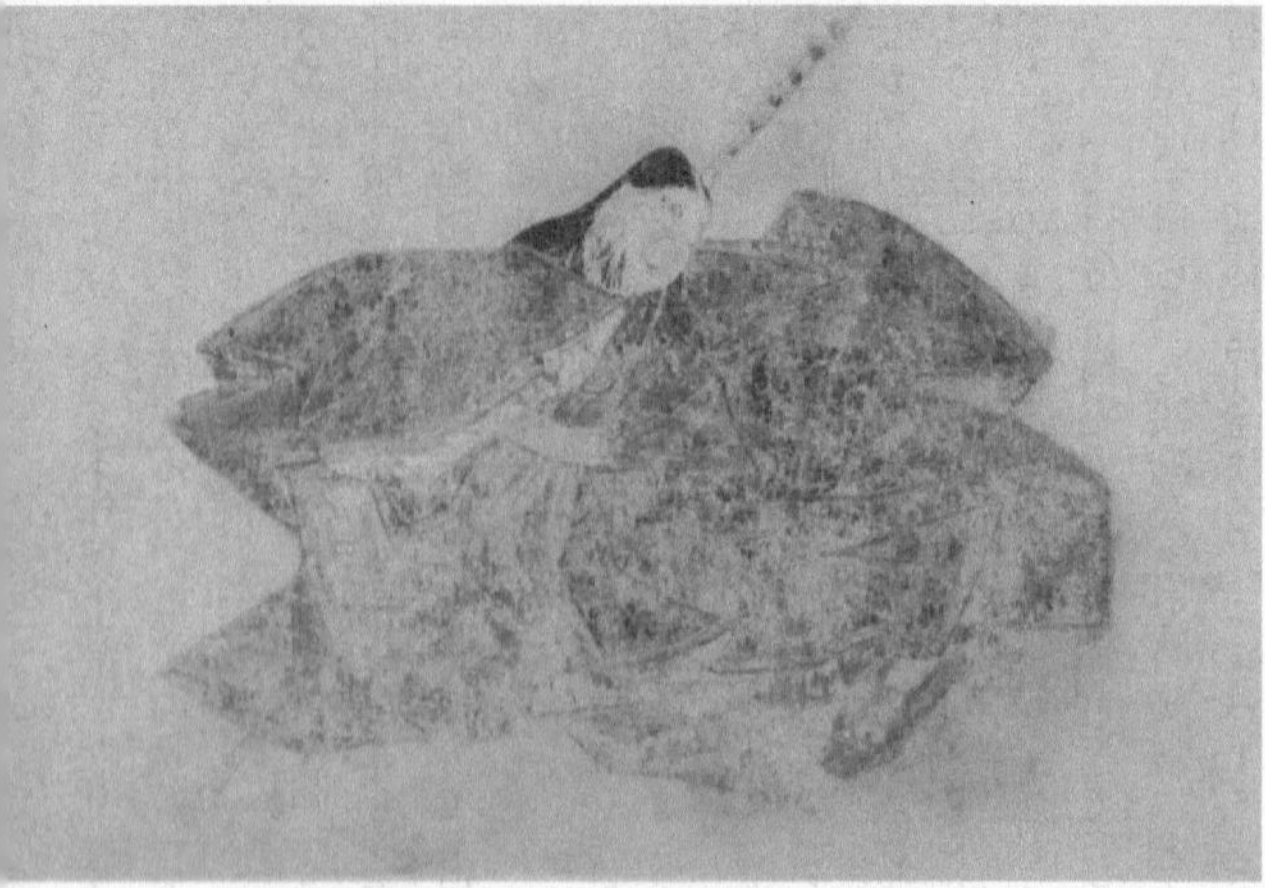

「九相図巻」（部分）九州国立博物館所蔵
ColBase（https://colbase.nich.go.jp）

すね。自分の老いた姿をイメトレする、自分の死をイメトレする、とても大切なことだろうと思います。

それにしても仏教は、非常にプラグマティック（合理的な実践重視）といいますか、人間のメカニズムに基づいた宗教ですね。信仰を軸とする宗教との相違点と言えるかもしれません。

その上、仏教の思想は、とても戦略的な側面があると思います。これについてはまた別の機会にお話ししたいと考えていますが、倶舎論にしても、中観《ちゅうがん》にしても、唯識にしても、互いに補い合い相互依存しながら成立していると思うのです。どうすれ

ば、私は生き抜き死に切ることができるのか、そのための効果的な手法は何か、どうすればヘンな方向や極端な方向へと行っちゃうのを避けることができるのか。そんな「問い」の立て方になっている宗教だからじゃないでしょうか。

そういえば、ブッダ自身が自らの教えを「筏《いかだ》」に譬《たと》えて、「河を渡るために活用すればいいんだ。河を渡ってしまえば、捨てればいい」(『マッジマ・ニカーヤ』三)と語っています。また、ブッダは「仏教の教えは自分がつくったのではなく、もともと〝ある道〟だったのだ、私はそれに気づいたのである」ということを語っています。

確かに仏教は、信じている人にも信じていない人にも理解可能だし実践可能な宗教ですよね。

信じるということ、わかるということ

仏教の「信じる」という言葉の原語としては、サンスクリット語で「シュラッダー」や「アディムクティ」、パーリ語では「サッダー」などを挙げることができます。

これは「理解する」とか「わかる」といった意味を含む言葉です。仏法に耳を傾け、理解して、心身で納得する。それが、仏教の「信じる」ということです。ですから、「アディムクティ」は「信解《しんげ》」などとも訳します。うまい翻訳です。

つまり、仏教で「信じる」ということは「心身でわかる」ことなんですね。ただ

「信じろ」というのではありません。

例えば「いわしの頭も信心から」ということわざがあります。信じることによって生きる力が強くなるのは、間違いないことです。信じるという状態は人間にとって非常にエネルギーの強い状態です。おそらく疑うとか、喜ぶとか、悲しむとか、他の精神活動よりさらに強い状態だと思います。何ももたざる弱者にとって、苦しい社会を生き抜く武器がたった一つあるとすれば、それは「信じる」ことです。

さらには、「信じる」を一点にフォーカスすれば、もっとすごい力になります。だから弱者の宗教は、一神教化するんですね。

極端なことを言えば、信じる対象はなんでもいい。大切なのは、「信じる」という態度にある、信じることが強い力になる、ということから言えば、「いわしの頭も信心から」というのは間違っていません。

でも、少なくとも仏教ではそれを「信じている」とは言わないのです。

仏教では「しっかりとわかって身も心も納得することが信じること」だからです。「なぜ自分はこの苦しみを抱えなければならないか」というメカニズムや仕組みがしっかりとわかることが重要なのですね。

この人から言われても全然気にならないことが、同じことをあの人に言われたらすごくイライラする、私たちにはそんなことが起こります。なぜそうなるのか。その仕組みを知ることが大切なのです。

そのために、「自分とはどういう人間なのかを自覚する」「自分の進むべき方向をしっかりと理解する」「自分の立ち位置を認識する」作業が必要となってきます。

それが、仏教の言う「信じる」ということになります。

「快」にも「不快」にも支配されない

『スッタニパータ（経集）』というお経があります。成立したのが最も古い部分を有したお経です。『ダンマパダ』と同じ「クッダカ・ニカーヤ」にカテゴリーされています。

その中で、ある人が「なぜ争いや憎しみや悲しみが起こるのか」とブッダに質問する場面があります。（『スッタニパータ』八六二〜八七七）。

ブッダはそれに対して、「それはコントロールできない欲望によって起こるんだ」と答えます。「体と心が暴れだせば苦しい、しかし自分ではどうしようもない。そのようなコントロールができない欲望によって苦しみは起こる」と、そんな意味の話をしています。そしたら、質問者は、さらに続けて「じゃあ、そのコントロールできない欲望はどうして起こるんだ」と問います。ブッダは「それは『快』と『不快』によって起こる」と応答します。

質問者「じゃあ、『快』と『不快』はなぜ起こるのか？」

ブッダ「感受作用によって起こる」

質問者「じゃあ、その感受作用はなぜ起こるのか？」

ブッダ「存在と概念への執着によって起こる。だから執着がなければ、感受作用に振り回されない」

質問者「では、その感受作用はいかにして……」

落語の『浮世根問《うきよねど》い』ですね、これじゃ。しかし、ここで語られているように「執着」がなければ、感受作用にも振り回されず、さらには快にも不快にも振り回されない、という指摘はとても興味深い点です。というのも、「快と不快に振り回されるな」という方向性は、現代人にとってとても新鮮に聞こえるはずなんです。なぜなら、現代社会を運営する原則は、不快を避け快を増すところにあるからです。

みなさん、現代社会では功利主義という倫理学上の立場が大きな領域を支えていることをご存じでしょうか。功利主義といっても幅広いので、ひと口には説明できませんが、「人間は快と不快に支配されている。だから快の総量と不快の総量とを差し引きして、快のほうが大きければその行為は善である」といったものです。

例えば、受験勉強するのはつらいから不快、でも受験勉強の結果として大学生活や学歴や就職のランクアップなどの快と差し引きして、快が大きいのであれば受験勉強は善です。一人ひとりの金銭負担は不快でも、社会福祉が整備されて社会全体の快が大きいのであれば、税金を納める行為は善。現代社会のあらゆる場面で功利主義は理論の支柱になっています。

しかし、仏教では「快にも不快にも支配されてはならない」と語ります。かっこいい！

ここでも「中道」の原則に立つわけです。

ということで、快・不快の総量を計算するのは政治や法律や経済を運営するためには重要なことですが、私がこの世界を生き抜くために「私はどのような状況を快と感じるのか」「私はなぜこれを不快と認識しているのか」、その点検からはじめるのです。

それが仏教の手順です。

第二講　『ダンマパダ』で学ぶ仏教の基礎

宗教儀礼について

三つの宗教儀礼の機能――「分離」「移行」「再統合」

Namo Tassa Bhagavato Arahato Samma - Sambuddhassa.

ナモー タッサ バガヴァトー アラハトー サンマー サンブッダッサ

(阿羅漢であり、正自覚者であり、福運に満ちた世尊に、私は敬礼したてまつる)

ブッダン・サラナン・ガッチャーミ(私は仏陀に帰依いたします)

ダンマン・サラナン・ガッチャーミ(私は法[真理]に帰依いたします)

サンガン・サラナン・ガッチャーミ(私は僧[仏教者の共同体]に帰依いたします)

今回も、パーリ語の礼拝文と三帰依文ではじめさせていただきました。この三帰依文と同様の内容が『ダンマパダ』にも述べられていて、「常に仏を念じている(二九六)」「常に法を念じている(二九七)」「常にサンガ(僧伽《そうぎゃ》)を念じている(二九八)」

とあります。

このような宗教儀礼をお勤めできるのが、お寺の本堂で開かれる講座の特徴だと言えるでしょう。カルチャーセンターだと、こういうのはちょっとできません。講義室とは違い、ご本尊があって、お香と、おローソクと、お花の荘厳《しょうごん》があって……、となればおのずから時間的にも空間的にも相違があるのではないかと思います。

お話をさせていただく私にとっても、うれしくありがたいことです。

このような本堂の様式やお荘厳、そして儀式性、みんなで唱える言葉、すべてを含んで「宗教儀礼」と言います。そして「宗教儀礼」は、われわれの宗教心へダイレクトに届く機能をもっています。

宗教儀礼というのは、基本的に「不合理」です。だって、なんでこんなことするのかよくわからないことが多いし、合理的には説明できないですから。なぜ人間は葬儀を営むのか、ということだって文化人類学的に考えても、なかなかの難問です。でも私たちは、愛する者が亡くなれば、何らかの宗教儀礼をおこなわずにはおれないのです。多くの宗教儀礼は、合理的論理的な宗教教義で成り立っているわけではありません。土俗性や地域性や関係性で出来上がった部分が大きいのです。

宗教儀礼は「強化儀礼」と「通過儀礼」に大別されます。

「強化儀礼」とは、祭りや祈願など、日常の生きる推進力となるような宗教儀礼のことです。

これに対して、今までの状態から新しい状態へと移行するときにおこなわれるのが「通過儀礼」です。

ファン・ヘネップ（一八七三－一九五七）という人類学者が「通過儀礼」を三つの状態に分けて、うまく分析しています。その三つは「分離」「移行」「再統合」です。人類はある状態から分離し、別の状態へと移行し、新しい状態へと統合されるとき、人類は必ず「宗教儀礼」をおこなってきました。人類の三大通過儀礼は、「成人式」「結婚式」「葬式」です。

「成人式」は、それまで子どもにカテゴライズされていた者が、今度は大人のカテゴリーへと移行する、その際の儀礼です。その儀礼がおこなわれたときから、新しい権利と義務が生じるわけですね。

結婚式もそうです。それまでの家族の集まりから分離され、移行して新しい家族のほうに統合される、その線引きをする儀礼です。

葬式もそうです。生者から死者へと移行するときの儀礼です。

また、キリスト教の「洗礼」に代表されるように、その宗教の信者となる場合、たいていなんらかの「通過儀礼」がおこなわれます。

移行している状態をヘネップは〈コミュニタス〉と名づけました。〈コミュニタス〉とは、何にも所属しない状態のことです。「宙吊《ちゅうづ》り状態」とでも言いましょうか。世俗の価値、社会の価値からまったくはずれてしまっている状態なのです。

ヘネップは、「コミュニタスの状態に、宗教儀礼の特徴がある」と言っております。卓見だと思います。

世俗の価値、社会の価値からはずれたコミュニタスを体験する

先ほど、パーリ語の「礼拝文」と「三帰依文」を読むことによって、今まさにみなさんと一緒にコミュニタス状態を経過したわけです。いや、今、この場はコミュニタス状態だと言ってよいでしょう。今、ここでは、みなさんがこの場を一歩外へ出ると背負っている責任とか肩書きなどは、とりあえず一旦《いったん》はずれて、コミュニタスの時間と空間を共有した状態になっているわけです。そう考えてみると、とても大切な時空間です。ああ、ありがたいなぁ。

イスラム教に「ハッジ」というものがあります。毎年イスラム暦の十二月に、メッカへの巡礼をおこなうことです。生涯に一度でいいからハッジに行きたい、というイスラム教徒は世界に大勢います。メッカのカーバ神殿を目指して巡礼します。そして、この神殿の周りをぐるぐる回るんです。みんな身体にはシンプルな布（ほとんどの人が「イフラーム」という白い巡礼着）を纏《まと》っているだけです。それは、国王であっても

大統領であってもホームレスであってもみんな同じ。これも、コミュニタス状態です。宗教儀礼は、こうでなくてはいけません。

いつも背負っている肩書きとか責任などがはずれた時間と場所をもつというのは、生きていく上で非常に重要なことではないかと思います。

だから私は、葬式で弔電を読んだりするのはあまり好きじゃないんです。「○○様のご逝去に際し、衷心よりお悔やみ申し上げます。参議院議員　×田×男」などとやってますよね。せっかくのコミュニタスの場なのに、もうやめてくれよと言いたくなります。その上、わざわざ足を運んで弔問に来ている人を待たせておいて、ただ電信で送っただけのモノを先に読み上げるなんて、そもそも非常に失礼な話じゃないですか。個人的意見としては、読まなくていいと思っています。

私たちは、今、このわずかな時間でありますけれども、一緒に同じ時間、同じ場所を共有して同じ空気を吸って、仏教を学ぼうと集《つど》っております。あらためて見回してみると、私はこの場の雰囲気、なかなかいいと思うのですけど、どうでしょうか。

とにかく、仏教の重要なところは「その時、それに成り切る」ということです。私など車を運転していてもしょっちゅう次のスケジュールのことを考えたり、人の話を聞いてもついつい別のことを考えていたり、ほとんど「人生うわの空」というタイプです。イエス・キリストは「明日のことを思い煩ってはならない」（「マタイ福音書」）と語っていますが、私たちは四六時中思い煩ってばかりですね。ブッダも『スッタニパータ』の中で、次のように述べています。

「私は何を食べようか。私はどこで食べようか。昨夜は眠りづらかった。今夜はどこで寝ようか」などといった憂いを生む思考を抑制せよ。（九六九）

運転するときは運転することに成り切る、食べるときは食べることに成り切る。ぜひこの場も、みなさん、「仏法を聞く」ことに成り切って一緒によい場をつくっていただければと思います。

コミュニタスの中で、枠組みを点検しはずしてみる

よくコマーシャルでお肌のアップをして「実は私、六十歳なんです」とか言ってうれしそうな顔した人が出ていますけど、若く見られてうれしいということは、若いほうが「価値がある」という枠組みをもっているからです。

けれども世界には、年齢が上に見られたいという文化もあるんです。わざと歳を上

に見せようとする民族もあります。

あ、そうそう、この前テレビを見ていてびっくりしたんですよ。暖かい地方で男性も女性もわりと薄着で暮らしている民族がいて、女性は下唇のところに嵌《は》め物をしているんです。その嵌め物は、人前では絶対にはずさない。これをはずすということは、すごく恥ずかしいことらしいんです。カメラがずっとドキュメントで追っていって、衣服や口の嵌め物をはずした女性がみんなで川で水浴びしているところを撮影しようとしたら、女性がカメラを見てキャーと言って、全員、手で口を押さえるんです。ほかは丸出しで。彼女たちは衣服をつけてない胸などよりも、嵌め物をしていない口のほうが恥ずかしいわけです。

このように、枠組みが変われば大きく価値観が変わったり、プライオリティ（何が大切かの順序）が変わったりします。ムスリマ（イスラム教徒の女性）は、人前で髪の毛を見せるのを恥ずかしいと感じる人が多くいます。『コーラン』には、恥ずかしいところを隠せ、と書いてあって、人前ではスカーフで髪を隠します。

ユダヤ教やイスラム教などは、比較的、行為規範や善悪の枠組みがはっきりしています。それじゃ、私たちは一体どういう枠組みを使って生きているか、これから『ダンマパダ』の言葉をよく味わいながら少しずつ考えていきましょう。

できれば、「役に立つ／役に立たない」「損／得」「敵／味方」といった枠組みを、一旦保留して、コミュニタス状態のこの場を、心地よいと感じていただきたいと思います。

といっても、この場は、小さなコミュニティのカルト的雰囲気には決してなりませんのでご安心ください。ここ應典院はとてもオープンな場ですからね。その点も大切です。

仏教の基礎的なところを知ろう

では、仏教の基礎的なところを知ろう、という部分のお話をさせていただきます。

「ブッダ」「ダンマ」「サンガ」への帰依

さとれる者（＝仏）と真理のことわり（＝法）と聖者の集い（＝僧）とに帰依する人は、正しい智慧《ちえ》をもって、四つの尊い真理を見る。（一九〇）

（超意訳：仏・法・僧に帰依して生きていく人は、自分の都合から離れた正しい知見で「四つの真理（苦の原因と苦の結果、安寧の原因と安寧の結果）」をしっかりと身につけることができる）

まずこの第一九〇番は、何を語っているかを解説します。

「さとれる者」というのは、いわゆる目覚めた人、ブッダのことになります。ブッダは、「仏陀」と音写されますが、なぜか日本では「仏《ほとけ》」という読み方になります。しかも死者を「ホトケ」と呼びます。これには諸説あって、「中国でブッダを浮屠《ふと》と呼ぶので、それが語源」「死＝結び目がホドケる、というのが語源」「死者に供物をする容器であるホトキが語源」などです。

「真理のことわり」とは、パーリ語で「ダンマ」です。サンスクリット語では「ダルマ」になります。「法」と訳されます。この「ダンマ（ダルマ）」という言葉は多義的な語で、真理とか諸現象とか世間のルールなど、いろいろな意味に使われるんですけれども、ここでは「仏教の教え」というふうに考えていただければよろしいかと思います。

「聖者の集い」は、パーリ語で「サンガ」といいます。漢字ではそのまま当て字で「僧伽《そうぎゃ》」と書きます。意味から訳して「和合衆」と訳すこともあります。

もとの意味は、同じ道を歩むものの集まりです。だから、共和国もサンガと言いますし、同業者組合もサンガと言うんですね。

この場合、出家者のグループとのことなんですが、浄土仏教者の私としましてはちょっと拡大解釈して、仏教徒の集まりというふうに考えたいところです。

仏教徒は、四衆《ししゅ》といって、男性の出家者・女性の出家者・男性の在家者・女性の在家者の四つに分類されます。男性出家者のことを比丘《びく》（ビクシュ）と言います。女性出家者は比丘尼《びくに》（ビクシュニー）です。男性の在家者は優婆塞《うばそく》（ウパーサカー）と音写したり、信士《しんじ》と意訳したりされます。女性の在家者は優婆夷《うばい》（ウパーシカー）と言ったり、信女《しんにょ》と意訳されています。

口に出して帰依を表明することの意義

第一九〇番の「帰依する」という部分、パーリ語の原文では「サラナンガートー」となっています。先ほどみなさんは「サラナン・ガッチャーミ」と唱えましたね（七四ページ参照）。あれも同じです。帰依するという意味です。

みんなで口に出して唱えました「三帰依文」は、世界の仏教に共通のイニシエーションです。それがこの第一九〇番では述べられているのですね。

「サラナンガートー」というのは、もともとは「その場所に赴く」という意味です。つまり、自分自身の意思でコミットするという意味であり、自分がどの方向に向かって生きていこうとするのかという立ち位置や方向性をはっきりさせる、ということです。

そして、言葉に出して帰依を表明するということは、多くの宗教においてとても重要視される宗教的な行為なのです。ほとんどの世界の宗教には、常日頃、いつも口に出して唱える言葉や文言があって、それが連綿と続くつながりを支えています。

こういうのを私は「定型の信仰告白」と呼んでいます。

例えば、ユダヤ教には「シェマー」というのがあります。朝と夕べの祈りの際に、唱える聖句です。

「シェマー・イスラエル・アドナイ・エロヘイヌ・アドナイ・エハッド」

（聞け、イスラエルの民よ。われらの神、主は唯一の主である。あなたは心を尽くし、魂を尽くし、力を尽くして、あなたの神、主を愛しなさい）

これは「申命記《しんめいき》」の第六章に出てくる、ユダヤ教徒にとって最も重要な言葉です。自分は唯一なる神に身も心も帰依する、というこの言葉を常に口に出して生活しているのです。これを羊皮紙に書いて、玄関や柱に（きちんと上から「メズサ」というカバーをつけて）貼り付けているんですよ。

そうそう、全然関係ない話なんですが、私、この「シェマー」の発音にはちょっと自信があったんですよ。でもこの前、新しく知り合ったユダヤ系アメリカ人の方に聞いてもらったら、「悪い発音じゃないけど、〝エハッド〟の〝ハッ〟がヘタだ。もっと喉《のど》の奥で鳴らすんだ。どうしても日本人はこれができない」などと指摘されて。何回も特訓させられたんですよ。くそ～。

イスラムだと「シャハーダ」という信仰告白があります。

「アシュハド・アン・ラー イラーハ イッラッラーフ・ムハンマダン ラスールッラー」

（アッラー以外に私たちが崇拝すべき存在はなく、アッラーは私たちが仕えるべき唯一の神であることを証言します。そして、ムハンマドがアッラーの使徒であることを証言します）

この文言を、一日五回のお祈りの際に必ず唱えます。イスラムの国に行ってモスクの近くに泊まったりすると、「アザーン」といって夜明け前から、これが拡声器で流されます。そして、神様は寝ているよりもお祈りされる方を喜ばれるぞ、寝ちゃだめだ、などと言っているらしいんですけど。すばらしい抑揚と声でなかなかの迫力です。

このシャハーダを、二人のムスリム（男性のイスラム教徒）の前で唱えれば、その時点からイスラム教徒の仲間入りです。分離―移行―統合です。通過儀礼（イニシエーション）です。

このような「定型の信仰告白」は、自分の生き方、信仰のあり方、方向性、立ち位置を劇的に表現した宗教的象徴行為であり、信仰共同体のバインドであり、その言葉に生き抜き、その言葉に死に切っていった人々との紐帯《ちゅうたい》です。宗教において、非常に重要な部分だと思います。生も死も超える言葉と言ってよいでしょう。

仏教の「三帰依文」は世界中の仏教徒に共通の定型の信仰告白ですので、これを言葉に出して唱えることで、その時点から仏教徒としての生活・生き方がはじまるということですね。

南無阿弥陀仏と称えることも信仰告白

実は「南無阿弥陀仏《なむあみだぶつ》」と口に称《とな》える称名念仏も、定型の信仰告白なんです。日本仏教の中では「南無」を「ナム」と発音する流れと「ナモ」と発音する流れがあるのですが、いずれにしても「南無」はサンスクリット語の「ナマス」、パーリ語の「ナモ」を音写したものです。当て字ですね。そしてこれも帰依するという意味です。もっと平たく言うと、「おまかせいたします」ということです。

「阿弥陀仏」の「仏」はブッダ、仏さま、如来のことです。「阿弥陀」も当て字でして、アミターバとアミターユスを合わせて音写したものです。「ミタ」とは、「限り」という意味です。その頭に「ア」という否定の接頭語がつきます。「ア」とか「ナ」が付くと否定になるんですね。ですから、「ミタ」が否定されて、「無限」「無量」ということになります。「アミタ（無量）」＋「アーバ（光）」で、アミターバ。「アミタ」＋「アーユス（生命）」で、アミターユス。ということになります。

そういえば、そうそう、みなさん「アーユス」という国際協力NGOがあるのをご存じでしょうか。日本のお坊さんが中心になって、国際問題に取り組んでいる団体です。世界各地でいろんな支援や教育や交流をおこなっています。本部は東京の江東区《こうとう》にあります。

以前、「アーユス」の事務長をされている方にお話を伺ったことがあるんです。この方は僧侶《そうりょ》でもなんでもなくて、それまで長く海外の（宗教とは関係のない）NGOで活躍されていた方で、数年前に帰国されてからは「アーユス」に勤務されています。それで、私、その人に「今までいろいろなNGOを見てこられたと思いますが、普通のNGOと、『アーユス』のように仏教者がやっているNGOとでは、何か違いがありますか」と聞いたんですね。

すると「そうですねぇ。アジアの仏教国なんかだと、仏教ネットワークが生かせるので助かる場合もありますが……。やっている活動の内容はほとんど違いませんね。ただ、他のほとんどのNGOは成果主義なんですよ。これだけ援助しサポートしたらこういう結果になった、とアピールすることが大切です。それは一般のNGOとしては仕事の一部ですね。どう改善されたかをアピールしなければ、支持もされないし、援助金ももらえませんから。だから常に成果をきっちりと出そうとします。図や表も作成して、すごい資料を用意して、プレゼンテーションするんですよ。でもアーユスは、そんなところがありませんね。みんなあまり結果や成果を気にしていないようです。そこは、他のNGOとずいぶん違います」というふうに言っていました。なかなかいい話でしょ。これは仏教のお布施の精神かもしれません。お布施って、自分ののをシェアするトレーニングなんですけど、それを相手がどう使おうと気にしない。そんなことに執着しちゃだめだ、って言うんですよ。

それで、いい話を聞いたなぁと思ってここの大蓮寺《だいれんじ》のご住職（秋田光彦氏）にこの話をしたら、「そりゃ東京のお坊さんが金持ちやからや」とか言うんですよ。一刀両断です。ひどい人ですね、せっかくいい話が台無しじゃないですか（でも、そんなこと言いながら、秋田住職は「アーユス」にもすごく協力されてるんですよ。そういう人なんですね）。

話を戻します。つまり、南無阿弥陀仏と称えるのは、「限りない光と限りない命の仏におまかせいたします」ということです。

称名念仏は、まさに自分の生きる姿勢、生きる方向性を表した言葉であり、連綿と続く信心の紐帯であり、この世界に満ち満ちる限りない光と生命に自己を投入する「定型の信仰告白」の一例であると思います。

ということで、「さとれる仏」と、「真理のことわり」と、「聖者の集い」とに帰依する「三帰依」から仏道の第一歩がはじまることが第一九〇番で語られております。そして、その道を歩み続けていけば、仏道の理想である「正しい智慧（パーリ語の原語では「サンマ・パンニャー」。サンマとは正しい、パンニャーとは智慧を意味する。般《はん》若《にゃ》と音写されている）」をもって、「四つの聖なる真理を見る」という地平へと至ることができます。

四つの真理とは何か

では、その「四つの真理とは何か」。次の第一九一番に出てまいります。

すなわち苦しみと、苦しみの成り立ちと、苦しみの超克と、苦しみの終滅《おわり》におもむく八つの尊い道（八正道《はっしょうどう》）とを（見る）。（一九一）

（超意訳：四つの真理とは、「生きることは苦しむことである」「その苦しみを生み出すものは何か」「苦しみを解体した境地は安穏である」「苦しみを解体する方法とは何か。それは八正道である」ことを指す。そして、仏道を歩むものはこの真理を目の当たりにすることができるのである）

四つの真理を「四聖諦《ししょうたい》」と言います。「四聖諦（苦諦・集諦・滅諦・道諦）」とは、「なぜ苦悩は生じるのか」「どうすれば苦悩を解体できるのか」という仏教の根幹を、因果律の構図で説明したものです。

「苦諦」……生きることが苦しみである。この場合の「苦しみ」は「思い通りにならない」という意味。これは「苦の結果」です。

「集諦」……なぜ生きることが苦しみになるのか。思いどおりにならないから。ということは、その「思い」が問題となる。しっかりとものごとの本質がわからず、むやみに執着すると、それが集まって「苦の原因」となる。

「滅諦」……苦が解体され消滅した世界はやすらかである。仏教の理想の心身の状態だ。これは「苦を滅したという結果」です。

「道諦」……苦は正しい道を歩み、心身を調えることで解体できる。これが「苦を解体する原因」です。

こうして苦悩が生起するメカニズムを知り、苦悩を解体するための実践道を説きます。その実践道（道諦）は「八正道」として表現されます。八つの正しい道程とは、

「正見（正しいものの見方）・正思（正しい思考）・正語（正しい言葉）・正業（正しいおこない）・正命（正しい生活様式）・正精進（正しい努力）・正念（正しい記憶）・正定（正しい瞑想《めいそう》）」を指します。

ではブッダが考えた「正しさ」とは一体どのようなものだったのでしょうか。

それは、「妄見（自分の都合によって認識が歪《ゆが》められる）から離れる」と「顚倒《てんどう》（きちんとしたメカニズムを理解しない）を離れる」、そして「極端を離れる」こと、このような姿勢を「正しい」と考えたようです。つまり、八正道の「正しい」というのは、偏りがないことを指します。バランスです。「中道」ですね。「一つのことにこだわって、もう一つをおろそかにしてはならない」、これが「中道」です。

ブッダが悟りを開かれてから一番最初に他者へ話した内容は、この「四聖諦」に表現されているようなことだろうとも言われています。

縁起とは

ところで、今から二千五百年前、ガウタマ・シッダルタという人が悟りを開いてブッダと成られました。その悟られた内容は何であったのでしょうか。「四聖諦」や「中道」もその一部だったのでしょうが、なんといっても悟りの中心となったのは、おそらく「縁起」という法則でしょう。「縁起」を、説明のしやすいように上手《うま》く整えたものが「四聖諦」であるとも考えられます。
「縁起」とは、「どういう条件がそろえばいったい何が起こるのか」「こういうことが起こった場合、どのような要素が集合しているのか」という関係性のことです。仏教特有の因果律です。つまりどのような順序で苦悩が生起するのか、どのような順序で苦悩が解体されるのか、そこに論点があります。なにしろ宗教ですから、科学的真理を追究しているわけじゃありません。あくまで、いかに生き抜くか、いかに死に切るか、そのための教えです。

この仏教特有の因果の理法に「十二縁起」というのがあります。「因果」「縁起」を考える場合、十二要素で関係性を体系化したものですが、これは後にだんだんと整備されて十二要素になったとも言われています（最初から十二縁起の形で説かれていたという説もあります）。

十二も説明するとわかりにくくなりますので、とりあえず超シンプルに三つでお話しさせていただきます。その三つは「無明《むみょう》（取）」――「執着《しゅうじゃく》（著《じゃく》）」――「苦悩（愛）」です。

「無明（根本的な無知。ものごとの真相がわかっていないこと）」がわれわれの「執着（こだわり）」を生んで、そのこだわりが「苦しみ」を生みます。そのことをしっかりと自覚できたら、今度は逆から辿《たど》ってみましょう。「なぜこの苦しみは起こったのか」「こうでなければならない、という執着が強かったからだ」「では、その執着はなぜ起こったのか」「ものごとの本質をきちんと理解できず、どの方向へと進めばよいのかがわからなかったからだ（無明）」。とまあ、こんな感じです。順に「無明」─「執着」─「苦悩」、逆に「苦悩」─「執着」─「無明」、と常に行ったり来たりしながら点検を繰り返すのですね。

分析手法と直観手法

「四聖諦」の一つひとつを三つの基準（示・勧・証）で考察し確認する「三転十二行」という手法もあります。この作業を通して、ブッダは悟りを体系化した、という説もあるのですが、まあ今回は詳しい内容にまでは入らないでおきましょう。

とにかく、ブッダは、悟りを開いてから、ずっと自分で何度も何度も悟りの内容を咀嚼《そしゃく》したんですね。それは間違いないでしょう。

ブッダは、菩提樹《ぼだいじゅ》の下で悟りを開かれるんですが、悟りを開いた後も、そのまま菩提樹の下で瞑想していたり、菩提樹の周りを歩いたり、ニグローダの樹やラージャヤータナの樹の下で瞑想したり……。七日ごとに七カ所、計四十九日間も自分の悟りを点検し、悟りの内容を味わったという伝説があります。

これを仏教では「自受法楽」と言います。

ちなみに、浄土仏教では、お念仏者は息を引きとったらすぐにお浄土に往生して成仏するという教義をもっています。じゃあ、すでに往生して仏となっているなら、どうして初七日から満中陰《まんちゅういん》までの中陰法要をするのか、という話になります。なにしろ、死後、少しでも良いところへ生まれ変わるように中陰法要をするというのが通説なんですから。

それは、このブッダの自受法楽に倣って、七日ごとに法要をやっていると考えるんですね。そして法要を勤める側にとっては、一度でも多く仏法を聞く機会をもうけるためにと。あのね、大きな声では言えませんが……、おそらくこれ、後づけの理屈だと思うんです……。でも、上手いこと考えたなというような感じがします。

さて、この「三転十二行」のように、ブッダの手法は明らかに分析手法なんです。「苦の成り立ち」から「苦の様相」、そして「苦を解体するにはどうすればいいのか」、「いかにして苦は生まれるのか」、「何がなければ苦は生まれないのか」、と徹底して分析するわけです。

「苦しい」ということだけにとらわれずに、「苦しい」という状態からなぜこの苦しみが生じるのかという分析の方向へシフトしていくわけです。

ある意味、仏教はものすごくクールな宗教です。自分の苦しみさえ徹底して分析するわけですね。もうニーチェもゴルゴ13も、足元にも及ばないくらいブッダはクールな人だったのかもしれません。

また、この分析手法ではなく、直観手法を重視する仏教もあります。禅仏教はその代表選手です。

禅仏教は「対象」と「自分の認識」とが交差したその瞬間を非常に重視します。まさに対象と出会ったその瞬間こそ、対象と自分との垣根がない瞬間だと考えるわけです。

松尾芭蕉《まつおばしょう》の句を一つ、ここで紹介しましょう。

よく見ればナズナ花咲く垣根かな

芭蕉がナズナと出会ったその瞬間は、これはナズナだという認識さえまだ生じていないわけですから、芭蕉とナズナとの境界はないわけです。ナズナが私であり、私がナズナである。自他未分、自他一如です。でも、「よく見れば」と言語化がはじまった瞬間に、もう私とナズナは主体と客体として分離してしまう。だからその最初の直観の瞬間が、芭蕉とナズナとの関係においては最も純粋な状態であるということになります。アンリ・ベルクソン（一八五九－一九四一）とか西田幾多郎《にしだきたろう》（一八七〇－一九四五）が言う「純粋体験」などともよく似てますね。

「苦悩の連鎖」を「安寧の連鎖」へ

さて、ここで「マッジマ・ニカーヤ（中部）」の三番目のお経、その一部を紹介しましょう。

人ははからいから、すべてのものに執着する。富に執着し、財に執着し、名に執着し、命に執着する。有無、善悪、正邪、すべてのものにとらわれて迷いを重ね苦しみと悩みとを招く。（「マッジマ・ニカーヤ」三）

ここには「苦しみ」を生み出すのは「執着」であり、その「執着」を生み出すのは「はからい（自分の都合による枠組み・分別）」であると述べられています。つまり仏教では、「苦しみは結果である」と考え、原因へと視点を転じなければ、結果だけをなんとかしようとしてもだめだ、と説いているのです。

でも、私たちはいつも、「苦の原因」と対峙《たいじ》することなく、なんとかごまかしながら生きています。「思いどおりにならない苦悩」を、自分の認識をごまかしたり、現実を歪曲《わいきょく》したり、他のもので気をまぎらわせたりしながら、だましだまし生きているんですね。

でも、ある時、もはや逃げ道がない状況に直面します。例えば、「老い」であるとか「病い」であるとか「死」であるとか（だから仏教はよく老・病・死の話を例に挙げるんですね）。

仕事につまずき、家庭が崩れ、体調も壊し……、そんなふうに、どっと一気に問題が襲いかかってくる時って、人生にはありますよね。それは、「ついに『その時』が来た」と受け取ってみましょう。今までずっと問題を先送りしてきたけど、もうそれは通用しない。今こそ、自分という人間を、自分の生き方を、家庭というあり方を、家族というものを、根本から点検する「その時」なのだ、と考えて苦悩に堂々と対峙するんです。大丈夫、手順さえ間違えなければ、きっと解決できます。ポイントは「自分の都合による枠組み」を通してものごとを見たり判断したりしないことです。

このお経はそのように説いています。

「縁起」は決して単に「この世界や人間のメカニズムを説明するためのモデル」というだけじゃありません。もっと実践的な臨床的なものです。例えば、有名なベトナム人僧侶であるティク・ナット・ハンは、私たちの存在を「インタービーイング」と英訳しています。お互いに連鎖と相互依存関係性の中に生きているんだ、って感じがよく出ている、とてもいい英訳です。自分という存在は関係性の中にあることを本当に自覚すれば、自分の都合が弱くなる。そうしたら苦を減少させられる。そう仏教では考えます。「苦しい」じゃなく、「なぜこの苦しみは生じたのか」と視点を移すことが肝要です。

そうでなければ、生じた「苦しみ」という結果が原因となって、また次の結果を生み出します。そうやって、すべては網の目のように連鎖して成立しているんですから。だから「苦しみの連鎖」を「安寧の連鎖」へと転換することを目指すのです。

仏教の理想的精神――四無量心――

では、「安寧の連鎖」へと転換するための（仏教で考える）理想的精神を、『スッタニパータ』から読んでみましょう。

慈しみ（慈）と平静（捨）とあわれみ（悲）と解脱と喜び（喜）とを時に応じて修め、世間全てに背くことなく、犀《さい》の角のようにただ独り歩め。（『スッタニパータ』七三）

ここでは、仏教の精神的な目標である〝四無量心〟が説かれています。「慈無量心」（友愛のように、すべてを慈しむ心）、「悲無量心」（他者の悲しみをわが悲しみとする心）、「喜無量心」（他者の喜びをわが喜びとする心）、「捨無量心」（快・不快や悲・喜にとらわれない心）が、「四無量心（慈・悲・喜・捨）」です。

「四無量心」の中でも、仏教の特色が出ているのが最後の「捨無量心」ですね。慈悲は多くの宗教が説くことです。でも仏教のように「捨てる」というのが理想の中にあるのは、なかなかおもしろいですね。時宗《じしゅう》を開いた一遍上人《いっぺんしょうにん》は、仏教を「捨ててこそ」とひと言で表現しました。捨ててこそ仏教なんですね。

さて、仏教の目標は、「智慧と慈悲の獲得と実践」です。これは世界の仏教共通です。智慧と慈悲を兼ね備えた者こそ、ブッダ（目覚めた人）です。

智慧とは先ほど言いました「はからい」と「執着」を捨てることです。「自分の都合という枠組み」をはずして、ものごとを見たり考えたり判断したりすることです。

慈悲とは「目の前にいる人を、たった一人のわが子であるかのように慈しむ」ことである、と『スッタニパータ』には述べられています。

仏教の理想的実践―四摂事―

次に仏教の理想的実践行為についてお話ししましょう。それは「四摂事《ししょうじ》」です。

比丘たちよ、これらは四摂事である。布施・愛語・利行・同事である。（「アングッタラ・ニカーヤ」二）

この「四摂事」は上座部仏教と大乗仏教に共通する行為の指針です。「布施」「愛語」「利行」「同事」の四つを実践するのです。

まず「布施」です。みなさんは「お布施」というと、お坊さんに読経してもらったときに渡すお金をイメージするかもしれませんが、それだけが布施ではありません。まず大別すると、布施には三種あります。「財施」と「法施」と「無畏施」です。

「財施」とは、自分自身の持ち物をシェアするトレーニングです。握った手を離すという行です。壺《つぼ》の中のモノを手放さないから手が抜けないサルのおとぎ話がありますよね。「手を離せばいいのに。簡単なことじゃん」という笑い話ですが、実際に自分のこととなれば、なかなかこの手は開かないのが私たちでして。でも、日常、この行を続けていると、開きにくい手が少しずつ開きやすくなります。つまり、執着の枠組みが少しずつ柔らかくなるということです。仏教は成立当初から、「フェアに得たもの（正当な手段で手に入れたもの）をシェアする」ということをとても大切に考えてきた宗教なのです。

次の「法施」とは、仏法を伝えることです。これも立派な布施行です。みなさんが、今日、ここで聞いた話を家に帰って「今日、應典院さんでこんな話を聞いたよ」なんて家族に話したりすると、(相手のことを思いやって話すなら)それはお布施なんです。帰りにみなさん同士で「今日の話は○○だったね」「私はこう感じたな」などと話し合っても、「法施」なんですよ。毎回、この講座の帰りにたこ焼き屋さんに寄っているお二人組がいるのを、私、知っていますが、ぜひたこ焼きを食べながら仏法を語り合ってくださいね。

もう一つ、「無畏施」は、他者に恐れを与えない布施です。にっこり笑う、気持ちよく接する、優しい気持ちで生き物を大切にする……自分自身が「布施行だ」という意識で常におこなえば立派なお布施です。こういうのは「無財の布施」と言って、何も金品をもたなくても実践できる布施なのです。

二番目の「愛語」は慈愛の言葉で他者と接すること。これは、慈悲の実践や布施の実践にも連関しています。また、「言葉を調える」ということともつながっています。大切なことですね。

みなさん、コロムビア・ライトという人をご存じでしょうか。若い方は知りませんよね。かつてトップ・ライトというコンビで人気を博した漫才師です。トップさんが参議院議員になり、漫才コンビは解消してしまいました。残ったライトさんは、漫談や司会を続けながら生計を立てていたそうです。しかし、咽頭《いんとう》ガンを患い、声帯を摘出されて、声を失ってしまいました。もし、病気が全快しても、もう仕事ができません。

絶望の中、ライトさんは食道発声法に挑戦します。食道を振動させて声を出そうというのです。そんな発声法があるそうです。でも、たいへんな努力と根気、生涯通じて弛《たゆ》まぬトレーニングが必要らしいです。夫婦二人で協力し合ってはじめたものの、時にはイライラして、奥さんにモノを投げつけて暴れたりもしたそうです。「これほどやっても、なかなか上達しない」「言いたいことが出ない」「これじゃ誰も仕事をくれない」、そんな苦悩の日々です。

現在は、すごくお上手に話しておられますよ（二〇一〇年に死去）。私、講演を聞きました。そして、その講演の中で、「第一の声、つまり声帯を摘出するまでの声は、気がついたらしゃべっていたので、ありがたいともなんとも思わなかった。話せるのが当たり前だから特に意識もしなかった。でも、この今の声、第二の声は、私と家内との涙と汗と苦悩の末にやっと手に入れた声なんです。だから、私はこの声を「汚い言葉」や「人を嫌な気分にさせる言葉」に使いたくありません。人を幸せにする言葉、喜びの言葉ばかりに使いたいと思っています」とおっしゃってました。

ああ、これ、「愛語」だ。私、そう思いました。

三番目の「利行」は利他行為の実践です。みなさん、近江《おうみ》商人って知ってますか？滋賀県の商売人たちを指す言葉で、伊藤忠や西川産業なんかが有名です。近江商人はとても仏教の信心に篤《あつ》いことで知られていました。仏教の信心に基づいた生活・商売を実践したからこそ、近江商人という特別の異名で呼ばれるようになったのです。近江商人のビジネス理念は「三方よし」です。「売り手よし」「買い手よし」「世間よし」、この三方が満足し喜ぶような商売でなければやってはいけない、そう心がけたと言います。いろんな偽装をやって利益を出している会社に聞かせてやりたいようないい話じゃないですか。伊藤忠の初代の伊藤忠兵衛《いとうちゅうべえ》は「商売は菩薩行《ぼさつぎょう》だ」と言ったそうですよ。

四番目の「同事」は他人と苦楽を共有して協働することです。この部分は仏教の社会参加と深く関わる理念ですね。大乗仏教はここを展開させた仏教だとも言えそうです。今、どんどん社会活動や福祉や街づくりなどに協働するお寺や僧侶が増えています。この「同事」の精神ですね。

ただ、仏教はクールで厳しいところがあって、そうやって社会や他者に関わっていけと説く反面、どこかで「一人生きて、一人死するのだ」ということも同時に説きます。仏教って「そうか、わかった！」と思った瞬間、また別のところから「いや、そうじゃない」と問いを投げかけてくるような仕組みになっているんですね。とほほ。

第一九〇番・一九一番の因縁話

さて、では、『ダンマパダ・アッタカター』（ダンマパダの注釈書）に記載されている第一九〇番・一九一番の因縁話をご紹介しましょう。上座部仏教の巨人・ブッダゴーサの作とされている『ダンマパダ・アッタカター』には、それぞれの偈《げ》とともに、その偈に合った因縁話が付されています。第一九〇番・一九一番には以下のような話が載っています。

〔コーサラ国の祭祀長《さいし》アッギダッタは、人々に「神々への祈り」を指導していた。アッギダッタと出会ったブッダは以下のように語った。
「アッギダッタよ、実に多くの人々は生老病死などの恐怖に駆られて、山・森・園・神殿に出かけ、それぞれの神々を拝み、平安な心の拠《よ》り所《どころ》にしようとする。しかし、これらは本当の平安な心の拠り所とはならない。仏・法・僧の三宝に帰依する人は、正しい智慧によって四つの聖なる心理を自ら観察する。すなわち、苦の真理・苦の因

の真理・苦の因を滅する真理・苦の因を滅する聖なる八つの道である。これらは実に平安な心の拠り所である。これらは最高の心の拠り所である。そのような心の拠り所に避難してこそ、一切の苦から解放される」と説かれたのである。この説法によってアッギダッタとその弟子たちは阿羅漢果を得て仏陀の弟子となりサンガに加わった。」(釈による意訳。参考：ウ・ウィッジャーナンダ、北嶋泰観『ダンマパダ』中山書房仏書林)

この因縁話には、ブッダが話す相手によって語る内容を工夫した、その人その人に合った話をした(対機説法と言います)ことがよく表れています。「神に祈っても苦はなくならない。自分の都合による祈りだからだ。神を自分の都合で利用しようとしているだけだ。苦のメカニズムを知って、それをコントロールせよ」という仏教の基本姿勢が語られています。仏教は「人を惑わすものを避ける」という態度を大事にします。だから、占い・呪術《じゅじゅつ》も避けるようにせよ、と説きます。『スッタニパータ』の第九二七番には、「仏教徒は、呪法や占いをおこなってはならない」と述べられています。

四法印―仏教の旗じるし―

さて、では世界の仏教共通である「四法印（「一切行苦」を入れないで、三法印とする場合もある）」を『ダンマパダ』から読んでみましょう。「四法印」というのは「諸行無常」「一切行苦」「諸法無我」「涅槃寂静《ねはんじゃくじょう》」のことです。

「一切の形成されたものは無常である」と明らかな知慧をもって観るときに、ひとは苦しみから遠ざかり離れる。これこそ人が清らかになる道である。（二七七）

（超意訳：すべての存在は無常（刻々と変化し続けて一定ではない）と、本当にしっかりと理解することができれば、人間は苦しみから遠ざかり離れることができる。それが仏道を歩むということである）

ここでは、「諸行無常」が述べられています。「行」というのは、現実存在といった意味です。自分という存在をよくよくクールに観じてみると、いろいろと変化しているのがわかります。健康と病気、生と死、美と醜、若と老が入り混じった存在だなぁ、なんて実感するときもあります。養老孟司《ようろうたけし》氏は、「現代人は『変わらない自分がある』と思ってるところがだめなんだ」ってよく発言されていますよね。科学の立場から見ても「変わらない自分がある」と思い込むのは具合が悪いようです。

仏教は、「すべては変化し続けて一定ではない」という無常を知ることによって、老いも病も当然の現象だと引き受け、積極的に引き受けて生き抜けと言います。もう、喜びも悲しみもみんな背負って生き抜きましょう。

「一切の形成されたものは苦しみである」と明らかな知慧をもって観るときに、ひとは苦しみから遠ざかり離れる。これこそ人が清らかになる道である。（二七八）

（超意訳：生きるということは、思いどおりにならない（＝苦しむ）ということである、と本当にしっかりと理解することができれば、人間は苦しみから遠ざかり離れることができる。それが仏道を歩むということである）

これは、「一切行苦」です。よく「一切皆苦」と訳されていますが、原語は「サンカーラ（形成されたもの）」なので、「一切行苦」とするのが正確です。思いどおりになることも、思いどおりにならないことも、すべては一時的現象だ、そう仏教では説きます。それならば、その「思い」のほうをなんとか工夫しようじゃないか、という発想の転換です。

「一切の事物は我《われ》ならざるものである」と明らかな知慧をもって観るときに、ひ

とは苦しみから遠ざかり離れる。これこそ人が清らかになる道である。（二七九）

（超意訳：我でないものを我であるかのように執着しない、と本当にしっかりと理解することができれば、人間は苦しみから遠ざかり離れることができる。それが仏道を歩むということである）

三番目、一般的には「諸法無我」となりますが、ここでは「我ならざるもの」＝「諸法非我」と中村先生は訳されています。原語の「アンアッタ」は、非我と訳する説と無我と訳する説とに分かれるようです。非我と考えるならば「我でないものを我であるかのように執着する」という意味になります。

ここでは、一般的な解釈である「無我」として解説しましょう。すべての存在は相互に関係しあって成立している。しかもすべての存在はいくつかの要素の集合体であり、その集合体の要素はいつかはバラバラになる。そのような立場に立つ仏教。その立場を「諸法無我」と言います。というわけで、仏教では、唯一にして絶対なる神も、不滅の霊魂も否定されてしまいます。すべては意識と現象の連鎖です。これを「相続」と言います。

そして、四法印の最後には「涅槃寂静」が挙げられます（この用語自体が『ダンマパダ』で具体的に述べられているわけではありませんが)。仏教における理想である涅槃(=煩悩の火が吹き消された状態)は安らかであるということです。

駆け足で仏教の基礎を見てきました。お疲れになったでしょう。時間もだいぶオーバーしたようです。私も疲れました。

それにしても、仏教って、時には「利己的」な感じさえ受けますね。ただ、その利己の「己」そのものを疑うことは怠らないのですが。

とにかく、仏教は「この世のすべてを説明しようとしない」という非常に稀《まれ》な宗教だと思います。世界には、この世界の成り立ちから行く末まですべてを語り尽くせる、と考える宗教も多くあります。でも、ブッダは、そんなことは不可能だと考えていたのかもしれません。だから「無記」というのがあります。質問に対して無言の態度を貫くことです。まるでウィトゲンシュタインの「語り得ぬものには沈黙しなければならない」みたいでかっこいいです。

とにかく、仏教の第二歩目は、どうすれば私のこの苦悩を、あなたのその苦悩を解体できるのか、その一点にありそうです。目指すは安寧な身心です。そのために四無量心・四摂事といった精神や実践が説かれています。

鏡のような心

仏典にはしばしば「鏡の譬《たと》え」が出てきます。鏡のような心は仏教の理想です。歪んでいない鏡があれば、いろんな対象をそのまま映します。鏡自身は無色ですから、そのままの色を映すことができます。心もそのようであれば、そのままを認識できるんです。何も足さない、何も引かない。鏡が歪んでいたり、色がついていたりしたら、対象の認識も歪んだり、自分で色をつけたりしてしまいます。

目の前にあれば、それをそのまま映す。そして、その対象が目の前からいなくなれば、何も映らない。残像も残らない。これが仏教が目指す心のあり様です。唯識では究極の智慧を「大円鏡智」と言います。大きな丸い鏡のような智慧ですね。

明治の禅僧であった原坦山《はらたんざん》は、若い頃、友人の禅僧と二人で諸国を修行のために巡り歩いたそうです。ある時、橋のない川に行き当たった二人。二人はこともなげにそのまま川に入って渡ろうとすると、若い女性が川を渡れずに難渋しています。原和尚は、その女性を抱きかかえて川を渡ってあげるんですね。

その女性とも別れ、しばらく二人の禅僧は黙々と歩いていましたが、原和尚の友人が「オレは、あれからずっと、お前があの女性を抱いて川を渡ったのはよかったのかどうか考え続けていた。どう考えても、修行僧がやるべきことではなかったのではないか」と詰問します。しかし、原坦山は「なんだ、お前、まだあの娘を抱いたままだったのか。ワシは川を渡ったときに降ろしてきたぞ」と答えたそうです。

友人の僧は「女性を抱きかかえた」ことにこだわり続けていましたが、原和尚はその女性を岸に降ろしたら、(鏡の前から対象がいなくなったごとく) もう何も残ってなかったのですね。その女性を抱きかかえて川を渡ったのは、何のこだわりもない自然な行動だったことがわかります。

このあたりの執着への考え方、この講座の最後のほうで生きてきますから、ちょっと頭の片隅に置いといてください。

第三講　『ダンマパダ』の語る世間

世間と出世間

あらためて考えてみれば、仏教というのは、すごく裾野《すその》が広い宗教ですね。自らの生存欲求を停止する（インド哲学研究者である宮元啓一《みやもとけいいち》氏の表現）という境地から、密教のように全欲求を肯定するという極北まで、たいへんな振幅があるわけです。

しかし、前回見たように「無常」や「縁起」や「中道」は共通教義です。そして、すべての仏教は出世の方向性をもっています。出世といっても、もちろん社会的地位が上がるという意味ではありません。この世間を超えるということです。

では、その世間・出世間という点を『ダンマパダ』から学びましょう。ひと言で言うと、『ダンマパダ』では「世間は迷いの世界である」と語られています。

出世の方向性

まずは「出世の方向性」というところからお話をはじめます。

出世の方向性がなければ仏教ではありません。

人々は多いが、彼岸《かなたのきし》に達する人々は少ない。他の（多くの）人々はこなたの岸の上でさまよっている。（八五）

（超意訳：世界中に数多くの人々が暮らしているが、悟りの世界へと到達する人は極めて稀《まれ》である。大部分の人々は迷いの世界の中で苦悩の日々を送っている）

こちらの岸のことを「此岸《しがん》」、むこうの岸のことを「彼岸《ひがん》」といいます。彼岸のことを「パーラ」とか「パーラム」といいます。此岸は「オリンテーラ」か「オリンテーラム」といいます。彼岸に至る道を、「パーラーヤナ」、向こう岸に到達することを「パーラミター」といいます。ついでに言うと、智慧《ちえ》を〝パンニャー〟と言います。般若と音写されています。智慧によって向こう岸へと渡ることができますので、「般若波羅蜜多《はんにゃはらみった》」と漢訳されています。

仏典には、よく川の譬《たと》えが出てきます。「こちらの岸から向こうの岸に渡ろう」という話がよくあります。こちらの岸が迷いの世界で、向こう岸が悟りの世界です。

川の流れは、われわれの認識、欲求、行為などの比喩《ひゆ》です。それはたいへんな激流です。だから〝仏教の教え〟という筏《いかだ》で渡り切り、向こう岸に到達するわけです。『スッタニパータ』では、ブッダのことを「彼岸に到達した人」というふうに表現しています。

ナーガルジュナ（龍樹《りゅうじゅ》）という「空」の理論を完成させた人がいます。第二のシャカと言ってもいいような人物です。南インドの人で、日本の仏教は、シャカの仏教というよりは、ナーガルジュナの仏教と言ったほうがよい面があります。「ナーガ」は「龍」という意味で、「ジュナ」を音訳して「樹」です。

この人が「信を能入となし、智を能度となす」（『大智度論《だいちどろん》』）と述べています。じゃぶじゃぶと川に入ったのが、仏教を信仰するレベル。そして、智慧によって、向こう岸へと到達するのだ（悟りへと至る）、ということです。

次の偈《げ》も川の譬えが使われています。

快いものに向って流れる三十六の激流があれば、その波浪は、悪しき見解をいだく人を漂わし去る。――その波浪とは貪欲《とんよく》にねざした想いである。（三三九）

（超意訳：三十六もの快楽の激流によって、執着を捨てることができないものは、あっという間に流されてしまう。じつは、その激流は私たちの貪《むさぼ》りの心なのである）

ここで川の流れを三十六の激流に譬えています。三十六という数字には諸説ありますが（内なる煩悩が十八、外なる煩悩が十八、合わせて三十六など。『ブッダの真理のことば・感興のことば』（岩波文庫）の訳注を見てください）、とにかく心と体の暴れぶりを示しています。「その波浪とは貪欲にねざした想いである」とありますが、コントロール不可能なわれわれの心と体の暴れぶりのことです。その激流を渡るわけです。でも、激流を渡っていることさえ気がつかない、流されて漂っていることさえ気がつかない。だから、簡単に流されていってしまう。「自分というもの」は、暴れる激流であることを自覚して、心身を調えていく。それが向こう岸に渡る道となります。

仏教には「生老病死（生まれてくる苦しみ・老いの苦しみ・病気の苦しみ・死んでいく苦しみ）」という「四苦」に加えて、「愛別離苦（愛するものと別れねばならない苦しみ）」「怨憎会苦《おんぞうえく》（怨《うら》み憎んでいるものと会わねばならない苦しみ）」「求不得苦《ぐふとっく》（求めるものが手に入らない苦しみ）」「五蘊盛苦《ごうんじょうく》（心身がコントロールできない苦しみ）」、これで「八苦」です。生きていく上で避けることができない苦悩の代表的なものとして挙げられます。

この最後の「五蘊盛苦」、私、すごくおもしろいと思うんですよ。仏教的だなぁ、と思います。

「五蘊」とは、心と体を構成している五つのカテゴリーです。死を迎えると、その五つの構成要素はバラバラになると仏教では考えます。

「五蘊盛苦」とは、この五蘊が盛んだと苦しみを生じるということです。心と体が盛んに活動すれば、私たちは苦しむのです。心身のバランスが崩れるからでしょう。激流となってしまうのですね。

恥を知らず、烏のように厚かましく、図々しく、ひとを責め、大胆で、心の汚れた者は、生活しやすい。（二四四）
恥を知り、常に清きをもとめ、執著《しゅうじゃく》をはなれ、つつしみ深く、真理を見て清く暮す者は、生活し難い。（二四五）

この二つの偈も対句になっています。難しい表現がないので意訳は必要ないでしょう。ちょっと皮肉な言い方の偈ですね。「厚かましい人のほうが生活しやすく、つつしみ深い人は生活し難い」というのですから。

でも、私は、この偈を読んで、『ダンマパダ』では「この世の中というものは、汚れにまみれて、はいつくばって、精一杯心と体を必死で駆使しなければ、生きていけないものなのだ」と語られているように思えるのです。そして、「恥を知って、清らかに生きていこうとするならば、世間を出るしかないのだ」と説いているのです。

仏教では、こちら岸の知恵では、問題が根本的に解決しないと考えます。それはあたかも、喉《のど》が渇いているときに、海水を飲むようなもので、ますます喉が渇いてしまう。次々と苦の連鎖が起こる。一つの苦しみが次の苦しみを生み出していく。だから、向こう岸へ渡ろう。簡単には渡れないまでも、ちょっと向こう岸からの視点をイメージして、日常を見直してみよう。出世の方向性をもとう、ということです。

出家という形態

苦悩から離れるための最短距離的な生き方が「出家」です。家庭ももたない、生産活動もしない、社会参加もしない、経済活動もしない、世間から出てしまうという生き方です。そうなったら、自分の都合を少なくして生きていくことができる。激しい流れを断つことができるというわけです。

ものをできるだけ捨てていって、最低限の所有で暮らしていく

出家の特徴を見ていきましょう。

「四依《しえ》」という出家者が守るべきものがあります。次のような四種類の生活方針があります。

衣……「糞掃衣《ふんぞうえ》」を着ます。余った布切れを縫い合わせてパッチワークにしたものです。余った布にはいろいろな色がついているので、草木や泥など身近なもので染めます。「きれいな色に染めずに、人がいやがるような色を使え」と経典にあります。

食……「乞食《こつじき》」を行います。なにしろ仕事して収入を得るということがありませんので、他者の善意にたよって社会の余り物で生きていきます。余ったものがあったら、鉢の中に入れてもらう。入れてくれる人と出会うまで、歩き続けるんですね。

住……「樹下住《じゆげじゆう》」樹の下とか森とかで暮らすことです。積極的に自ら住むところをつくったりはしません（人から提供されて住むことはある）。

薬……「陳棄薬《ちんきやく》」を使います。陳棄薬とは、牛の尿でできたものです。

こうして、衣食住の生活活動を最低限のレベルまで落とします。

出家という（ある意味特殊な）形態が大きく展開するのは、インドが文化的にも社会的にも豊かになった時代でした。多くの商業都市の展開とともに、仏教やジャイナ教やアージーヴィカ教など、従来の宗教とは異なる新しいムーブメントが興ります。その中心となって活躍したのがシュラマナ（サマナ）＝出家者たちだったのです。

出家者の持ち物は、「資具」と呼ばれる生活必需品に限定されています。まず、「三衣一鉢」といって、三枚の糞掃衣（三衣と呼ばれる「大衣・中衣・下衣」）と一つの鉢を個人が所有することは認められています。その他、飲み水のための「水漉《こ》し」も所有が許されています。それ以外のもの、例えば椅子とか寝具などは共有品です。
もっているものが少ないと、執着が少なくてすむわけです。「こうでなければならない」としがみついた状態が執着ですが、これをできるだけ少なくすることによって、苦しみを解体しよう、彼岸を目指そうという生き方です。

私たちに執着が多いというのは、社会にいるとなかなか自覚できません。自分が執着によって苦しんでいることがわからないまま過ごすこととなります。

例えば、家族がいると、家族を守らなければならないし、一所懸命に働いて養わなくてはならない。親というものは、自分のためならできないけど、子どものためならできるということも起きますね。

だから出家者は、そこから離れて生きようとします。

ほら、子どもが「〇〇買って～」とおねだりするとき、「だって、みんなもってるもん」と言いますね。「そしたら、誰がもってんねん」と聞くと、「誰々と誰々と……」なんて友達の名前を挙げます。まわりがもっているからほしくて仕方がない。明らかに煽《あお》られて欲しがっているだけだな、ということがわかります。そんなに欲しいわけでもないのに、どうせ買ったら、すぐに飽きて、そこらへんにほったらかしにするくせに……。大人の目から見たら、そのあたりがわかります。

でも大人の私たちだって、仏さまの目から見たら、あるいは大きな視点から見たら、「ああ煽られているなあ。引き摺《ず》り回されているなあ」ということをやっているんじゃないでしょうか。

だから、「ほんとうの自分とはいったいどんな姿か」ということを、社会から出て確認する。それが出家です。

律とは出家者コミュニティを運営するための決まり事

出家者には、「律」があります。これは、「出家者コミュニティを運営するための決まり事」です。

よく「戒律」と言いますが、仏教では「戒」と「律」は区別して考えます。「戒」は身につけるべき生活習慣といったもので、出家者も在家者もできるだけ守るように努めます。

「律」は出家者のための約束事や生活に関することや修行に関する規範です。男性なら二百五十以上、女性なら三百四十八とも言われる律があります（部派によって数が異なります）。律は、出家者個人に関する「経分別《きょうふんべつ》」と、教団の運営に関わる「犍度《けんど》部《ぶ》」、それ以外の「付随部《ふずいぶ》」などに大別できます。

出家コミュニティは、「問題が起こったときにそれに対する対策を考える」という随犯制《ずいぼんせい》でルールを決めていました。それを合議制で決めていたので、何か問題が起こるたびに、みんなで集まって決めます。そういうやり方で、ブッダはコミュニティを運営しました。

例えば、ある比丘《びく》と比丘尼の二人がいて、比丘尼がその比丘のことをとても尊敬していて、教えを乞《こ》います。決して二人の間に何かあったというわけではなかったのですが、比丘尼は熱心に比丘の住居にまで押しかけていろいろと聞く。そうすると、よくない噂が立ちます。これを危惧《きぐ》して、「じゃあみんなの見ていないところで比丘と比丘尼が二人きりになるのはやめよう」という規則ができるわけです。

あるいは自殺幇助《ほうじょ》を禁止した律ができたりしています。

ある難病に苦しむ比丘が、「もう苦しくて仕方がない。はやく楽になりたいから、私を殺してください」というふうに友人の比丘に頼みます。友人は、「そんなことはできない」と断ります。その比丘は「では、あなたの代わりに私を殺してくれる人を見つけてきてください」と懇願されます。友人の比丘は、町から安楽死させてくれる人を連れてきて、実行してもらうんです。

このことがあったとき、ブッダはいつになく厳しく叱責《しっせき》しています。「この愚か者め」という感じですね。その比丘はサンガを追い出されています。最も厳しい処分です。そして、自殺幇助はだめだという律が、そのときにできました。

また、同性愛の問題が起きたりすると、それはいけないという律ができます。こうやって問題が起こるたびに合議して規範を決めたり方針を決めたりしてサンガが運営されていたのですね。

出家者集団と在家仏教者

男性の出家者を比丘、女性の出家者は比丘尼、ということでしたね。さらに出家集団の構成者は、二十歳以上と以下とに分けられていました。正式な出家者となるには、二十歳以上で、なおかつ両親の許可が必要だったのです。（これも随犯制に従い、問題が起きたときにつくられた規則です）。

二十歳以下のことを、男性のほうを沙弥《しゃみ》（シャーマネラ）、女性のほうを沙弥尼（シャーマネリ）というふうに呼びました。なおかつ十八歳以下の女性の出家者のことを、式叉摩那《しきしゃまな》（シッカマーナ）と言います。この五つのカテゴリーを合わせたものが出家者コミュニティです。

出家者は、「悟りを得るため」という社会とは別の価値体系で暮らしているわけです。けれども、社会に依存しているわけで、社会がないと出家集団は成立しません。

出家者に対して、出家はしないけれども社会の中で仏教の教えに従い仏法を軸として生きようとする人たちのことを「在家仏教者」といいます。在家仏教者の人たちと一般的な社会人たちの違いはどこにあるのでしょうか。

まずは、在家仏教者の軸には「三帰依」と「五戒」があります。「三帰依」は仏・法・僧に帰依することでしたね。

「五戒」とは、不殺生《ふせっしょう》（生き物を殺さない）、不偸盗《ふちゅうとう》（与えられたもの以外を盗《と》らない）、不邪淫《ふじゃいん》（パートナー以外と性行為をしない）、不妄語《ふもうご》（嘘いつわり、人を惑わすことを言わない）、不飲酒《ふおんじゅ》（酔っぱらうまでお酒を飲まない）です。不妄語までの四つまではその行為自体がだめです。五番目の不飲酒は、その行為自体が悪いわけではありません。飲むことによって、何か人に迷惑をかけたり、酔っぱらったりすることがだめということです。

月に二度ほど、八日と十五日とか、あるいは新月と満月の日とか、「ウポーサタ」という日があります。これは「布薩《ふさつ》」と訳されています。この日だけは、あと戒が三つ増えて八戒になります。（『西遊記』に出てくる八戒の名前もここからきてるんでしょうね）。踊りを見たり歌を聞いたりしない。映画も見たらだめなんですよ。五〇年代に映画がさかんになったとき、出家者は映画を見ていいかどうか論議されました。スリランカの上座部仏教では、だめということになりました。それから、高くて広くて豪華で美しい床で寝ない、決まった時以外に食事をしないことなどが加わって、全部で八戒です。

さて、初期の仏教における在家仏教者のための教えですが、基本は「施」と「戒」と「生天《しょうてん》思想」でした。

「施」と「戒」の実践によって、天（神の国）に生まれるという考えです。

「施」は、施しものをすることです。ダーナ（布施）、あるいはプージャ（供養）など、自分のもっているものを人に施す、持ち物を分け与える、これが布施です。

そして、「戒」は、先ほどの「五戒」や「八（斎）戒」を守ることです。

それらの行いによって、「よりよい来世」を目指すわけです。これを「生天思想」といいます。「よりよい来世」とは、神々の国に生まれたり、人間に生まれたり、仏教が聞ける境遇に生まれたりすることです。この点は輪廻《りんね》からの脱出（解脱）を目指す出家者とは違いますね。

このような出家と在家の二つのルートが説かれる背景には、ヒンドゥー社会の宗教文化があります。一つは輪廻という生命観、もう一つは出家者を聖者として敬い施しをする文化基盤です。

輪廻は、不滅の魂といった感じのアートマン（我）は、容《い》れ物である肉体が滅びても、また別の存在へと生まれ変わる、という生命観です。インドでは遺体を火葬して川に放ってしまい、多くの人はお墓などつくりません。生きている間に功徳をたくさん積んで、少しでも良い存在へと生まれ変わることを願います。みなさんが今、こうやって人間として生まれたというのは、もう気が遠くなるくらいの長い間、施しをして徳を積んできた結果だ、とヒンドゥー文化では考えます。

でも、みなさん、布施もせず、戒を保たなければ、残念ながら、次は動物とか餓鬼に生まれてしまうんですね。いやいや、もっと厳しい地獄道かもしれません。

この「輪廻思想」は、生態系のメカニズムから展開してきたものだと考えられています。まず空から雨が降ると、それが植物に入ったり、動物の体に入る。そして精子や卵子となって、人間として生まれて、死ぬ。そして、焼かれたりして煙や水蒸気となってまた天に昇る、という循環。そんなシンプルな生命観・自然観から壮大な輪廻思想が形成されてきたんです。そしてそれは社会倫理や生活規範を支えることとなります。ただ、カースト制度をも支えてしまっていますが。

在家仏教者の道は「施と戒を守ることによって、来世はよりよいものに生まれ変わる」というインド宗教の土壌を足場にしています。

出家者を「福田《ふくでん》」と考えるのも、その一つです。出家者に施すというのは、ちょうど田んぼに作物を植えているのと同じように、いつかは自分の実りになるという考えです。このような文化土壌がなければ、「出家」という特殊なライフスタイルは成立しません。上座部仏教は、この「出家者と在家者との関係」を保持しています。

この「福田思想」は、タイなどへ行くと、すごく実感できます。

タイの人たちが、「施しモノをする相手（出家者）がいないとつらい」と言うのを聞いたことがあります。ちょっとカルチャーショックでしたね。日本に暮らしているタイの人たちなどでも、施しものを植える田んぼ（上座部仏教の出家者）がまわりにいないので寂しいというのです。だから、たまに来日したタイのお坊さんに出会ったりすると、とても喜んで食べ物などを施します。以前、日本に住むタイ人のために、わざわざ日本各地を回っているタイ人僧侶《そうりょ》がおられたのですが、どこへ行っても在日タイ人たちは「布施できる」ことに心から幸せを感じているようでした。在日タイ人たちは、「この感覚は日本人にはわからないでしょう」と言っていましたね。

出家の背景にあるヒンドゥー教の分厚い文化

ウパニシャッドの成立とシュラマナ（沙門）たちの出現

現在のような形にヒンドゥー教が成立するのは四世紀頃ですが、ヒンドゥー教的土壌は、ずいぶん以前からありました。

ヒンドゥー教の土壌は、ヴェーダという「神々への讃歌《さんか》」や「儀礼に関すること」が記された聖典をベースにした宗教によって蓄積されてきました。

ヴェーダは、「サンヒター（本集：神に捧《ささ》げる言葉など）」や「ブラーフマナ（祭儀書：儀礼の規定など）」など、いくつかの種類に分類できるのですが、その中に「ウパニシャッド（奥義書：宗教哲学など）」という聖典の分野があります。現在は百以上の「ウパニシャッド」があるのですが、紀元前八世紀くらいから徐々に成立していったと思われます。「ウパニシャッド」には、執着を離れるべきことや解脱を目指すべきことなど、ヒンドゥー宗教思想のベースが語られています。

バラモン教への懐疑や、「ウパニシャッド」にも見られる高度な宗教哲学の展開など複合的な要因が重なり、紀元前六、七世紀あたりから、「シュラマナ」（パーリ語で「サマナ」）という人たちが現れます。「沙門《しゃもん》」と訳されます。そういえば、オウム真理教の出家者は自分たちのことをサマナって名乗ってましたね。

シュラマナたちは、社会生活を捨てて、乞食《こつじき》で暮らすということをやりはじめます。中には肉体を徹底的に痛めつける苦行もおこないました。あるいは、すごく深い哲学的な思索を通して、世界の真理を求めたり、神秘体験を通して神と一体となることを目指していました。

ブッダ（釈尊）も、その道を選びました。ブッダも、シュラマナの一人だったんですね。

また、同時期に、シュラマナの中から、新しい宗教者、思想家が続出します。例えば、ジャイナ教のマハーヴィーラ、アージーヴィカ教のマッカリゴーサーラなどです。

アージーヴィカ教はかなり徹底した運命論を説きました。十三世紀くらいまではインドにおいて存続していたようですが、その後はジャイナ教に吸収されるような形でなくなってしまいました。ちなみに、ブッダが悟りを開いて、最初にぱったり出会うのが、アージーヴィカ教の修行者でした。この人はブッダの言葉に耳を貸そうとしなかった、と伝えられています。

ブッダは修行時代に、いろんなシュラマナの人たちを訪ねます。その中にはアーラーラ・カーラーマとか、ウッダカ・ラーマプッタなどがいました。ブッダ（このときはまだ悟りを開いてませんから、ブッダじゃなくガウタマ・シッダルタですね）はその人たちの語る境地を簡単に体得してしまい、満足できずに結局そのもとを離れますが、当時のインドは、多種多様な思想が花盛りとなった人類史上特筆すべき状況でした。シュラマナの中から、新しい思想や宗教や文化がどっと出てきたんですね。

よりよい輪廻よりも輪廻からの解脱を

シュラマナたちの新しいムーブメントは、従来の古い宗教であるブラーフマナの宗教（バラモン教）にも、大きな影響を与えました。その部分を、古い「ウパニシャッド」である『ブリハッド・アーラーニヤカ』から読んでみましょう。「ウパニシャッド」における最大の哲学者と言われるヤージニャヴァルキヤが登場しています。

「ヤージニャヴァルキヤ殿」と彼は言った。「まさしく目の当たり、かくれもなくあらわれているブラフマン、すなわち、万物に内在するアートマン、それをわたしに説明していただきたい」（……）

「実に、このアートマンを知って、婆羅門たちは、息子を得たいという願望、財産を得たいという願望、（天上の）世界を得たいという願望から離脱して、乞食の遊行生活をするのである。実に、息子を得たいという願望は、財産を得たいという願望と同じである。財産を得たいという願望はそのまま（天上）世界を得たいという願望である。これらはいずれも願望であることに変わりないからである。それゆえに婆羅門は、識者であることをわずらわしく感じて、愚者の状態を生きようとすべきである。愚者であることをも識者であることをも厭《いと》うとき、彼は聖者（ムニ）となる。聖者でないことをも聖者であることをも厭うとき、彼は（真の）婆羅門（すなわち、宇宙の最高原理ブラフマンに合一した人）となるのである」

『ブリハッド・アーラーニヤカ・ウパニシャッド』（第三章五節一）『世界の名著（一）バラモン教典／原始仏典』（中央公論社）

ここで、ヤージニャヴァルキヤは、こう言っています。「君たち、よいおこないをして天上に生まれようとしているが、実はそれも欲望の一つなのだ。そこに執着せず、そこからも離脱しなさい。どうしたら、離脱できるのか。ブラフマン（宇宙の真理）とアートマン（存在の実体）が一体となれば、この輪廻の輪から出ることができる」というわけです。

それまでの素朴な輪廻観では、よいおこないをすることによってよりよい存在に生まれ変わるというのが目標だったわけです。でも、ここでは、そんなことよりも、「もう輪廻から脱出しろ」と解脱（モークシャ）が説かれています。宇宙の真理と一体となれば、解脱できる、と述べています。このような宗教思想は、シュラマナたちの新しい思想潮流の影響だと考えられます。シュラマナたちも「ウパニシャッド」から影響を受けていますから、互いに影響を及ぼし合ったのですね。

四住期という理想の生き方

ヒンドゥー教徒にとって理想の生き方といわれる「四住期」（チャトル・アーシュラマ）も、シュラマナたちによる思想が影響していると言われています。

「四住期」は、人生を四つの時期に分ける考え方です。

まず最初は、「学生期《がくしょうき》（ブラフマチャーリア）」です。社会を生きるための能力を身につける時期です。特に、ヒンドゥー教では「ヴェーダ聖典」を学習する時期となります。

次は「家住期《かじゅうき》（グリハスタ）」です。結婚して子供を育て、社会生活を営む。そして、宗教儀礼をおこなうことも大切な義務です。

そして、次は「林住期《りんじゅうき》（ヴァーナプラスタ）」です。ある程度の年齢に達したら、仕事をリタイアして、家は子供にまかせてしまいます。そして、隠居生活をします。閑静かな林の中などに住み、瞑想《めいそう》したり、詩をつくったりして暮らすんですね。かつての日本にも、こういう林住期のような文化はありました。鴨長明《かものちょうめい》なども、隠遁《いんとん》生活をして『方丈記《ほうじょうき》』を著しています。

しかし、こうしてみると、私たち現代人の人生は、ほとんど家住期で終わり、という感もあります。人生の捉《とら》え方や文化が貧しくなっているのかなぁ。近年、作家の五木寛之《いつきひろゆき》氏が「林住期のある人生」を提案していますね。

まあ、この林住期のような文化は世界の各地にありますが、ヒンドゥー教にはまだ奥行きがあります。

四番目に、「遊行期《ゆぎょうき》（サンニャータ）」というのがあります。隠遁生活さえも捨ててしまうのです。乞食行をおこないながら、社会の余り物で暮らして放浪して死を迎えます。そして、このような生き方が理想だと言うのです。すごいですね。

こうしてみると、ヒンドゥー文化を知ることは、仏教のプロトタイプを理解する手がかりになることがよくわかります。このような宗教文化や価値体系が出家という形態を支えているわけです。

サドゥーと呼ばれる苦行者たち

みなさん、ちょっとお手元の資料を見てください。これはヒンドゥー教の出家者

サドゥーと呼ばれるヒンドゥー教の出家者

「サドゥー」たちの写真です。彼らの中には、何年も横になって寝なかったり、長時間片足で立ち続けたり、片手を上げ続けたまま生活したりする者がいます。手を上げ続けるとそこには血が通わないので枯れ木のようになっている人もいます。およそ社会の価値観からはずれていますね。

仏教と同時期に成立したジャイナ教の出家者も特徴的です。白い布をまとっている白衣派（シュバーターンバラ）と、まったく衣をつけない空衣派（ディガンバラ）があります。空衣派の出家者は、まったく何も着ないで暮らしているんですよ。こういう人がそのへんを歩いているんです。インドって、恐るべきところですね。

ジャイナ教の出家者は、乗り物に一切乗りません。どこに行くにも歩いていきます。歩くときには、虫を踏まないように注意して歩いています。ジャイナ教徒（ジャイン）の信者は、ジャイナ教の出家者が家に来たら、もう大歓迎という感じです。

白衣派の出家者はマスクをしています。口にマスクをするのは、虫を吸い込んで殺さないためです。手には箒《ほうき》をもっています。虫を踏まないように箒ではきながら歩いているわけです。

もちろん、出家の形態をもつ宗教や文化は、なにもインドの宗教だけじゃありません。世界中にたくさんあります。キリスト教にもイスラム教にも、ここでいう出家者と同様の形態があります。多くの宗教の聖職者は、ある程度「出家」という側面をもっています。しかし、これほどの分厚さというのは、インド文化圏以外にはなかなか見られないと思います。

在家者のあり方

在家信者の生活目標

では、今度は、ヒンドゥー教の「在家者」について見てみましょう。

ヒンドゥー教の在家信者には、「トリヴァルガ」という三つの生活目標があります。

その三つとは、「ダルマ（法）」「カーマ（性愛）」「アルタ（実利）」です。

「ダルマ」とは、社会秩序を守ることです。仏教で語られるダルマとはちょっと意味が違いますね。

「カーマ」は、性愛。性行為を神秘的な力と考えます。特に性行為によって子どもをもうけ、産み育てることは人生の大きな目標なのです。人間の義務だと考えているようなところがあります。

「アルタ」は、実利です。自分にも家庭にも社会にも利益をもたらす。それも、自分に与えられた役割を果たす。自分の仕事は神から与えられたテーマだ、そういう考えをもっています。

シンガーラへの教え

では、これに対して仏教における「在家者」のあり方はどうでしょうか。社会秩序を守って、誠実に仕事と家庭生活に勤《いそ》しむ、といった点などは共通しています。ですから「仏教はヒンドゥー教の一宗派だ」と言う人がいます。確かに、共通点もあるのですが、やはり「仏教がもつ特性」部分もあります。

例えば、「ディーガ・ニカーヤ（長部）」の中に『シンガーラへの教え』というお経があります。漢訳では『六方礼経』といいます。

ある時、シンガーラという青年がいました。資産家の息子で両親を亡くしています。彼は両親が生前やっていたときのように、朝起きて、必ず六方、すなわち四方と上下に対して、祈りを捧げていました。

ブッダはそれを見て、「あなたは何をしているのか」と聞きます。

青年は「親の言いつけどおりこうして毎日、拝んでいます」と答えます。

「そうか、じゃあもう少しイメージを具体的にしよう。例えば、東は父母だ。南は師で、西は妻子と思いなさい。北は友人と思いなさい。そうやってイメージして礼拝してみなさい」とブッダは教えます。

そしてさらに話は進んで、ブッダは「そもそも君、友人ってなんだと思う」と聞きます。

だんだんとシンガーラは、ブッダとの対話を通じて、今まで自分がやっていた行為をことごとく読み直していくようになります。次の日からも、シンガーラは、また同じように六方を礼拝しますが、覆いがとれたように、非常に深い喜びを感じるようになります。

ブッダは、シンガーラの日常を読み替えていく手順を教えたんですね。

そこにブッダの戦略があったと思われます。

同じように在家の生活をしていても、仏教を学ぶことによって、大きな転換がおとずれるということです。

鍵となるのは、日常を読み解いていく手順にある

『スッタニパータ』の中に、こういう言葉があります。

理法にかなった行い、清らかな行い、これが最上の宝であると言う。たとい在家から出て家なきに入り、出家の身となったとしても、もしもかれが荒々しいことばを語り、他人を苦しめ悩ますことを好み、獣（のごとく）であるならば、その人の生活はさらに悪いものとなり、自分の塵《ちり》汚れを増す。（二七四、二七五）

（超意訳：法則に適応した正しい行為を実践することこそ、何ものにもかえがたい宝物である。たとえ出家者となっても、言葉を調えず、他者を苦しめ、欲望のままに暮らすなら、それは煩悩を増幅させるだけなのである）

つまり出家という形態を選択しても、ぜんぜんだめな場合もあるわけです。出家したというその生活形態だけで問題は解決しないという話が、このお経の随所に語られています。

鍵《かぎ》となるのは、ライフスタイルではなくて、何を語り、何をおこない、どう他者と関わるのか、それが肝要です。そのために、まずは日常を順序よく点検していくことです。

例えば、自分なりの「林住期」を模索し実践してみるのもいいかもしれないし、出家者のサンガの運営方法を参考にするのもいいかもしれない。サンガの共同体規範や考え方の中には、在家者の私たちの人生を豊かにしたり、社会や地域やコミュニティを豊かにするヒントもあるに違いありません。

そういえば、サンガの運営方式は、なかなか合理的にできていたようです。ものごとを決めるときに、「ただ単に報告すればいいだけの段階」「みんなの賛成があればいい段階」「みんなの賛成を三度得なければならない段階」って、段階別になっているんですよ。ものごとの重要度によって、手続きが変わるんですね。仏教教団の合議制のシステムって、自律性を重んじながらも、利己的にならないよう工夫されていたと思われます。

現代を生きる私たちにとって、仏教の姿勢はきっと生きる大きな力となるはずです。『ダンマパダ』を読みながら、みなさんそれぞれ自分にぴったりくるものを抽出してください。そうだ、講座の最終回に、みなさんに「どの偈《げ》頌《じゅ》が一番好きか」「それはなぜ？」ということを一人ずつお話ししてもらおうかなぁ。どうです？　えっ、嫌なの？　じゃ、やめときましょう。

この世界を超える体系

法衣を着ているからといって出家者でもなく、着ていないから在家者でもない。どの方向を向いて生きようとしているのかどうか、そこが問われます。仏教では、出家者も在家者も、社会の枠組みだけで生きるのではなく、その社会の枠組みを超えた世界である彼岸を目指し、彼岸の方向を向いて生きていきます。

〝自分というもの〟がどこかで、がらがらと壊れる、自分というものがボキッと折れる。そういうところがなければ、仏教が語っていることを本当には味わえないと思います。

ただ単に情報として、道具として仏教を使おうとしてもだめですね、残念ながら。宗教オタクみたいになってしまうだけです。いるんですよ、そんな人。

プラスとマイナス、快と不快、勝ち組と負け組、そんな二項対立でできてしまった自分の枠組みを再点検する場と時間が提供できればと、私はお寺をそんなふうに考えています。

うちのお寺の近所に公立の小学校があるのですが、春と秋の二回、地域学習ということで生徒たちがお寺を見学に来ます。ときどき、「何か話をしてくれ」と引率の先生に言われたりするので、少しお話をするときもあります。「あんたら誰も見てないと思ってても、仏さんはちゃんと見てるで！」などと脅かしたりします。私の性格の悪さが出ています。

先生が、「何か質問ある人」と言いますと、

「仏さんって、ほんとにいるんですか？」

と、かわいらしいことを聞いてくれたりします。

「あんたどう思う？」

「いると思います」

「そしたら間違いなく、仏さん、いてるで」

と答えます。

中には、「この仏像売ったらなんぼで売れるんですか」と聞くおもしろい子がいたりします。

ずいぶん以前のことですが、一度、ある男の子から、「お寺っていったい何の役に立っているんですか？」という質問を受けたことがありました。

私は一瞬迷いました。小学生に理解してもらうには、どう答えたらいいのだろうか、いや、それとも、もう普段思っていることを言おうか……。結局、普段から考えていることが、とっさに口をついて出ました。「あのね、何の役にも立たないと思います」

先生は「え？」とびっくりした顔をしていました。

「あのね、おっちゃんはここを何の役にも立たない場所にしたいと思ってるねん」、そう言いました。引率の先生は、「もっとマシなこと言えばいいのに」という顔で私を見ていました。

もちろん、私が言いたかったことは、お寺というものは、「役に立つ、役に立たない」という二項対立から離れる場所にしたいという意味だったんですけど。うまく伝わらなかったみたいです。

そういえば、五木寛之氏の本に「ホームレス狩りにとてもショックを受けた」と書いてありました。一時期、中学生がホームレスを殺す事件が連続して起きたことがあったでしょ。今年も何件か起こっていますよね。ホームレスの服に火をつけるなどといった残酷な事件もありました。

犯人の中学生が捕まったときに、警察の取り調べに対して、「何で悪いんや、あいつらなんにも世の中の役に立ってないやないか」と言ったというんです。「いらない人間じゃないか」という意味でしょう。五木氏は事件そのものよりも、その話にショックを受けたそうです。

まさにこの子たちの頭の中は「役に立つ、立たない」という価値観の枠組みでがっちりできてしまっているんですね。さらに、それに対しても何の疑いももたない。点検する時間も場所もないわけです。

そんなこともあって、「何の役にも立たない。でも私にとってはとても大切な時間であり空間である」ということを考えるようになりました。そしてそれは人間にとって、とても大事なことなのではないかと思っています。

欧米型近代社会の特徴の一つに、世俗化（セキュラリゼーション）があります。公共の場から特定の宗教を排除するという傾向のことです。世俗化した社会では、かつて宗教が担当していた公共サービスを行政が担当します。

では、医療とか、教育とか介護とか福祉とか、そういうものがぜんぶ宗教にとって代わることができるかというと、とって代われない部分もいくつかあります。宗教儀礼がそうでしょう。宗教儀礼は宗教だけがもつフィールドです。

宗教的象徴体系もそうでしょう。「十字架」はイエスの贖罪《しょくざい》と復活を劇的に表現します。「南無阿弥陀仏《なむあみだぶつ》」は日本浄土仏教体系を端的に表しています。これらは決して他のものでは代替できない宗教的象徴です。

そして「彼岸」のように、この世界を超えるものも、代替不能な領域です。日常の枠組みを超える世界なのですから。神や来世や聖性なども同様です。とにかく、宗教にはこの世界を超える体系があるので、この世界を相対化したり、自分を相対化することができるのです。

神がいるから自分が相対化されるわけです。

浄土があるから、この世が相対化されるわけです。

宗教はそういう意味で、世俗とがっぷり四つに組んで対抗できる唯一の体系なのです。

どこにも逃げ場はない

この世界を超える体系をもっているのは宗教だけの特性です。しかし、次の『ダンマパダ』第一二七番・一二八番を読んでみましょう。

大空の中にいても、大海の中にいても、山の中の奥深いところに入っても、およそ世界のどこにいても、悪行から脱《のが》れることのできる場所は無い。（一二七）

大空の中にいても、大海の中にいても、山の中の洞窟《どうくつ》に入っても、およそ世界のどこにいても、死の脅威のない場所は無い。（一二八）

（超意訳：空をどこまでも行こうと、大海をどこまでもぐろうと、山中深く分け入ろうと、この世界のどこにいても私が生み出す悪の行為から逃れることはできない。死の恐怖から逃れることができる場所はない。悪や死に真正面から向き合うしかないのだ）

そう！　どこに行っても「この世界」なのです。『法句譬喩経』には、「かの目連尊《もくれん》者（マウドガリヤーヤナ）の神通力でも、逃れられない」と述べられています。つまり、たとえ出家しても、この世界から逃れることはできないということです！　ここが、いいです、仏教！

大空を飛ぼうが、大海にもぐろうが、山中にこもろうが、出家しようが、悪を為《な》すことから逃れることはできない、死からも逃れることはできない、そう仏教では説かれています。いやぁ、やっぱり仏教って、どこか〝覚悟〟がありますよね。

では、また資料の写真を見てください。（著者：本書には掲載してません……）。自分の家のまわりに「神は怒っている」とか「宇宙の波動を感じろ」とか「宇宙の真理に目覚めよ」とか、いっぱい張り紙をしています。この家、ウチの近所にある家なんですよ。すごいでしょ。

この家を見て、「ああ、なかなか宗教性豊かな人が暮らしているんだろうなぁ」などと思う人はいません。たいてい、「ああ、あちら側に行ってしまっているなぁ」と思いますよね。「あちら側へ行った」というのは、対話したり共感したりすることは困難だろう、という意味です。

先ほどお話しした、宗教はこの世界を超える体系をもっています。社会とは違う体系をもっているからこそ人は宗教で救われるのです。しかし、私たちは依然として日常を生き抜かねばなりません。ここが大切です。どこに行っても逃げ場はないのです。

オウム真理教は、社会から隔離され閉じられたコミュニティをつくりました。苦悩する若者にとっては、とても魅力的だったでしょう。でも、『ダンマパダ』は言っています。「悪行から逃れる場所もない、死の脅威から逃れる場所もない」。一方ではこの世界を超える回路を開くことを説き、一方ではどこにも逃げ場がないことを説く、こうでなければいけません。

なにしろ、宗教には、日常を破壊する力もあれば、日常を再構築する力もあるんですから。

村上春樹《むらかみはるき》氏が『アンダーグラウンド』『約束された場所で underground2』という、オウム真理教の事件後、教団関係者にインタヴューを重ねたノンフィクションを書いています。教団信者となった若者に入信動機を聞けば、「現在の社会に違和感があった」「高校へ行っても、みんな遊びの話しかしない。もっと真剣な話がしたかった」「学校では本当に学びたいことを教えてくれない。受験に関わる知識ばかりだった」などと、至極もっともな感覚ばかりです。

そして、教団に入って「帰依できる師がいる」「同じような感性をもった仲間がいる」「自分の居場所を見つけた」、そう感じたそうです。確かに宗教のコミュニティにはそのような社会の枠組みにとらわれない喜びがあります。しかし、その一方で、『ダンマパダ』の第一二七番・一二八番が語るように、「逃げ場はないのだ」「誠実に社会を生きねばならない」というもう一方の面においても覚悟がなければならないのです。

愛する人と会うな、愛していない人とも会うな

って、激流を渡れと述べています。仏教の教えを指針として、向こう岸を目指すのが仏教徒です。

『ダンマパダ』は世間を「迷いの世界」だと説いています。彼岸へ向かう方向性をも

愛する人と会うな。愛しない人とも会うな。愛する人と会わないのは苦しい。
また愛しない人と会うのも苦しい。(二一〇)

愛する人とも、愛さない人とも(中村元先生の翻訳にケチをつけるわけではありませんが、「愛しない人」という訳語はどうなんでしょうね……)会うな、って何のことを言っているのでしょうか。誰とも会うなってこと?

私は、「愛に支配されるな」と語っていると思います。「愛を観察せよ」ということかもしれません。愛する人と会わないのは苦しい、というのは八苦の「愛別離苦」のことです。愛していない人と会うのも苦しい、というのは八苦の「怨憎会苦」です。

いずれにしても、苦悩から逃れられないのです。以前、「愛だけがピュア」などと歌っている歌手がいましたが、聴くたびに腹が立ちました。愛がピュアだと思っている間は、愛の苦悩から離れることはできませんからね。

そういえば、こういう話を学生にしたら、学生から「先生、ちっともいい恋愛をしてこなかったんですね」と気の毒そうに言われたことがあります。あのね、そういう意味じゃないの。

愛はピュアじゃないからこそみんなで大切にしなきゃいけないんですよ。

仏教徒は、「愛も、努力も、勝利も、ピュアでもなんでもない。虚構だ。心身すべてを支配されてはならない」と自覚します。支配されないように、常に自分への観察を怠りません。しかし、「虚構」だからいらないんじゃない、虚構だからこそみんなでケアしなければ簡単に壊れてしまう、そう考えるのです。特に在家仏教者はそう考えていくことが大切だと私は思います。

というわけで、「出家」「在家」という生活形態だけでなく、もっと仏教をダイナミックに、相互依存的に見よう！　そう提案したいと思います。いろんな形態があって仏教は成り立っているのです。そして、そのような視点があったからこそ、仏教は文化・民族を超えて展開したと思います。いろんなライフスタイルを認めながら、「本質はどこにあるのか」を模索し続けたのでしょう。

ほら、イエスの死後、パウロがユダヤ民族の生活規範にこだわらなかったから、キリスト教が世界宗教になったのと同じです。仏教も、あまり極度に「出家」「在家」形式にこだわっていたら、現在のような多様な形態と高度な思想にはならなかったかもしれません。

求める心さえあれば

宗教は非日常を設定することによって、日常を相対化します。また、非日常があるからこそ、日常が輝くのです。そう教えるのが宗教の機能です。宗教が語るこの世界を超える体系、生も死も超える体系は、決して社会の外部に行ってしまうことを説いているのではなく、外部の回路を開いて、この立ち位置がどれほど豊かかを知り、生きることの方向性を指し示しているのです。

(求める)心さえあれば、目の見えるところ、耳の聞くところ、みなことごとく教えである。

有名な『華厳経《けごんきょう》』の言葉です。求める心さえあれば、仏教の教えは至るところで語りかけてきているんですね。

ですから、何も山中にこもらなくても、すごい修行をしなくていいんです。求める心で耳を澄まし、仏法を聞き続ければ、今立っているその場が変わります。

私が住職をしております如来寺の檀家《だんか》さんに東本よしのさんという方がおられます。

若い時分から熱心に仏法を聞いてこられた女性です。この方の末っ子の息子さん（四十歳代）が、ガンで急死されました。まだ私は学生でしたが、東本さんが、大きな悲しみに沈んでおられた姿はよく覚えています。息子さんのお葬式も終え、数ヵ月たった頃でしょうか、東本さんのお宅へ「月忌参り（毎月のご命日におこなう勤行）」に行ったときのことです。

東本さんが、深いため息をつきながら、唐突に「しかし、なんですねぇ。あかんもんですねぇ」と独り言のようにつぶやきました。小さな声だったのですが、私にははっきり聞こえました。私は、「えっ？　何のことですか？」と、思わず聞き返しました。東本さんは、「あ、いえいえ。つい、つまらないことを言ってしまって……」。

「いや、なんか『あかんなぁ』とか、おっしゃってましたが」と私。

「はい、私のことです。いくら仏教のお話を聞いてもさっぱり身についていないことを思い知らされました。私なぞはいくら聞いてもやはりだめなんですよ」と東本さん。

「いやいや、そんなことはないと思います。いつも熱心に仏法を聞いておられ、すばらしいと思いますが……」と私が言うと、東本さんは「長年、お説教で『自分の欲望を仏さまに祈願するのは間違っている』と聞いてきました（一〇六ページ参照。特に真宗ではこのことを強調します）。でも、いざ、わが子が末期のガンだとわかると、毎日、仏さまに『助けてやってください』ってお願いしてしまいました。いくら仏教の教えを聞いても身についてないことを思い知らされました……」

この話を聞いて、私は感銘を受けました。東本さんが、「ああ、あれほど仏法を聞いていても、いざ我が身に直面すれば、そのとおりにはできないんだ」と痛感されたのは、長年仏法を聞いてこられたからです。

「仏教（この場合は真宗の教義）では、自分の欲望を祈願するのは間違いである」ということさえ聞いたことがない人に、そんな自覚は起こりません。聞き続けていた東本さんだからこそ、自らのあり様がくっきりと見えたのです。

昔から「仏法は邪魔になるまで聞け」と言います。聞けば聞くほど、仏教って、邪魔になってくる、この感覚は私もよくわかります。東本さんにしても、今まで仏法を聞いてこなければ、もっと抵抗なく祈願できたことでしょう。でも、それでは自分の実相を見る体験はできませんでした。

逃げようのない苦悩を背負って、生き抜く。『ダンマパダ』にはそのことがしっかりと述べられています。

第四講　『ダンマパダ』が説く日常生活の倫理

仏教倫理の特徴

宗教学における論点に「コンバージョン」というものがあります。「回心体験」と訳されます。

「回心体験」は、かつては宗教心理学の大きなテーマでした。

宗教はどのような人格を育てていくのか、宗教によって人格はどのように変容するのか、宗教体験とは何か、そういった研究です。

つまり、宗教はその人の価値観や死生観や世界観、さらには生活規範や他者・社会との関係を大きく変化させるということです。そして、価値観や世界観が変われば、「倫理観」も変わります。宗教と「倫理」は、密接な関係にあるのですね。

『ダンマパダ』には、具体的に「このように日常生活を送りなさい」というような話がたくさん出てきます。そのあたりを読んで、「仏教倫理の特徴」を考えてみましょう。

仏教倫理の特徴は経験則に基づいた倫理である

アトゥラよ。これは昔にも言うことであり、いまに始まることでもない。沈黙している者も非難され、多く語る者も非難され、すこしく語る者も非難される。世に非難されない者はいない。(二二七)

この偈《げ》は、ブッダが、アトゥラという学生に質問されて答えた部分です。「昔から言うことであるが、黙っている者も非難されるし、多く語る者も非難される。少ししかしゃべらない者だって非難される。つまり、非難されない者などいない」とブッダは語っています。

ただ誹《そし》られるだけの人、またただ褒められるだけの人は、過去にもいなかったし、未来にもいないであろう。現在にもいない。(二二八)

第二二七番では、「この世に、誰からも非難されない者はいない」と語り、次の第二二八番では、「この世に、ずっと非難され続けられる人はいない。そして、ずっと褒め続けられる人もいない」と述べられています。ま、これもなるほど、そうかなぁと思いますね。あらためて、こういう言葉を読むと、「自分を自分以上のものに見せる必要もなければ、自分以下に見せる必要もないなぁ」と再確認できます。こういうことは、だいたいみなさんも経験上知っているわけです。だから共感できるんですよね。そして、経験上わかってはいるけど、あらためてそのことを口に出して唱えると、またリアルに感じ直すことができたりもします。仏教では、このように臨床経験や人間観察や自己分析によって、倫理観が構築されています。

例えば、生まれれば必ず老いるし、必ず死ぬ。水は高いところから低いところに流れる。経験上、実感できる法則です。仏教では、こういうのも「ダルマ（法）」といいます。

いつもみなさんと講座の最初に唱えるパーリ語の「三帰依文」の中に「ダンマン・サラナン・ガッチャーミ」とあります。「法（ダンマ）に帰依します」という意味でしたね。

以前、少しお話ししたように、ダルマ（ダンマ）はとても多義的な言葉なので、単に経験則に基づいた体系だけを指すわけではありません。仏教用語でも、いろんな意味に使われます。でも、ダルマをしっかりと理解し納得することは、仏教において中軸の部分です（「神が絶対の原理である」というタイプの宗教とは相違するところです）。

逆に言えば、経験則で扱えない領域については、それほど積極的に語ろうとはしません。例えば、「魂が永遠であるのか」「神は存在するのか」「宇宙のはてはどうなっているのか」などは経験則の外側です。こういう問題については、ブッダは深く論じ合ったり、積極的に関わっていこうとしないのです。これも仏教の大きな特徴です。語り得ぬものにはとても慎重な態度をとる、めずらしい宗教だと言えるでしょう。「仏教は合理性が高く、倫理的な節度をもった宗教だ」と評される所以《ゆえん》の一つです。

信仰は不合理

信仰を軸にした宗教には必ず不合理な側面があります。それは不合理が悪いということではありません。信仰を軸とした宗教において不合理な側面はとても大切なことなのです。合理的な思考や価値を凌駕《りょうが》するということなのですから。

キリスト教やユダヤ教の聖典に「イサク奉献」という有名な話が出てきます。ユダヤ系宗教哲学者のマルチン・ブーバー（一八七八－一九六五）という人は、学生に「宗教の本質って何ですか」と問われ、「それはイサク奉献だ」と答えたそうです。実存主義の祖と言われているキェルケゴール（一八一三－一八五五）も、同様に「イサク奉献こそ宗教の本質だ」と言っています。

「イサク奉献」とはこういう話です。ユダヤ人の祖先であるアブラハムとその妻サラ

セーレン・キェルケゴール（1813-1855）

の間には子供がいませんでした（ちなみに、ユダヤ教もキリスト教もイスラム教も、このアブラハムを基点としますので、この三つを宗教学では「アブラハム宗教」ということがあります）。それで、アブラハムと女性の使用人ハガルとの間に、イシュマエルという男の子ができます。ところが、アブラハムがかなりの高齢になってからサラとの間に男の子ができるのです。それがイサクです。アブラハムは、イサクを跡継ぎにしようとします。

ついでに言うと、アラブのイスラム教では「ユダヤ人はイサクの子孫だが、われわれアラブ民族はイシュマエルの子孫である」と言います。両民族は、言語系統の分類でも同じセム語系です。

さて、そんなわけで、とても大事に育てられたイサクなのですが、なぜか神はアブラハムに「イサクをわしへの捧《ささ》げものとして生《い》け贄《にえ》にしろ」と命じます。アブラハムは苦悩します。当たり前ですよね、愛する我が子なんですから。でも、結局、神の命令に従わねばならないことを決心したアブラハムは、イサクの頸《くび》をはねて神への生け贄にしようとします。すんでのところで、神が止めに入って「おまえの信仰が本物だということがわかった」とアブラハムに語りかけます。

神は、アブラハムの信仰が本物かどうか試したのですね。大きな声では言えませんけど、この神ってちょっと嫌なやつですね、あはは。

それにしても非常に不合理な話です。我が息子を殺すというとても非人間的な行為よりも、神の命令が先立つわけです。キェルケゴールもブーバーも、この行為が立派だといっているわけではありません。この世間、社会の理屈よりも、信仰が先立つということが宗教の本質だというのです。つまりこの話は、信仰の不合理性を象徴したストーリーなのだ、ということです。

　『聖書』には「ヨブ記」という、これまたえらく不合理な話が載っています。篤《あつ》い信仰に生きるヨブに、神は次から次へと苦難を与えます。機会があればぜひ読んでください。

キリスト教では三世紀の教父・テルトゥリアヌスの言葉を要約した「不合理なるゆえに我信ずる」という箴言《しんげん》があります。合理的でないから、信じるんです。合理的なものなら頭で理解できますから。信仰とは本質的に不合理なものなんだということです。

徹底した「非暴力」が仏教の特徴

さて、仏教倫理の特徴として「非暴力」があります。徹底した非暴力が語られます。

すべての者は暴力におびえ、すべての者は死をおそれる。己が身をひきくらべて、殺してはならぬ。殺させてはならぬ。（一二九）

すべての者は暴力におびえる。すべての（生きもの）にとって生命は愛しい。己が身にひきくらべて、殺してはならぬ。殺させてはならぬ。（一三〇）

この偈も意訳は必要ありませんね。第一二九番・一三〇番は、『ダンマパダ』の中でも有名な偈頌《げじゅ》です。

仏教が「非暴力的宗教」である、というのは比較宗教学的にもだいたい定説となっています。

この第一二九番・一三〇番に述べられているように「己の身に引き比べて」というところに仏教倫理の特徴が出ています。

「自分の身に引き比べる」というのは、思考実験であり、イメージトレーニングです。もし自分があのポジションであれば、私はあの仕打ちを受ければ、と常にイメージを最大限に働かせて、怒りに支配されない、苦しみにも喜びにも支配されない。「神の命令」とか「神との契約」ということではなくて、「おのが身に引き比べて、行動を調えるところ」が、仏教の特徴的なところです。

儒教との違い

実は儒教の倫理も第一二九番・一三〇番とよく似たリクツになっています。『論語』の中に、子貢《しこう》という弟子が、孔子《こうし》に問います。「もし人間でいちばん大切なことを一字で表すとしたら、それは何でしょうか」孔子は、「それは恕《じょ》だ」と答えます。「恕」とは思いやりをもって許すという意味ですね。続いて、「己の欲せざるところは人に施すなかれ」と述べられています。自分がやられて嫌なことを、人にしてはいけない。自分がしてもらってうれしいことを人におこなう。これが儒教倫理の基本です。

このあたりは、仏教と共通します。でも、仏教と儒教と相違するところもたくさんあります。例えば、次の偈を見てください。

頭髪が白くなったからとて〈長老〉なのではない。ただ年をとっただけならば「空しく老いぼれた人」と言われる。（二六〇）

誠あり、徳あり、慈しみがあって、傷《そこな》わず、つつしみあり、みずからととのえ、汚れを除き、気をつけている人こそ「長老」と呼ばれる。（二六一）

（超意訳：白髪になったからといって、長老として敬われるのではない。ただ単に歳を重ねただけなら、「空しく老いぼれた人」と見なされるだけである。

誠実で徳があって、慈悲の心があふれ、自らの心身を調えた人は敬意をもって長老と呼ばれる）

このように述べられています。仏教では、執着しないことが第一義なので、単に高齢者だからといって敬われるということはないのです。「ただ歳をとっただけ」と言われるだけなんですね、厳しいなぁ。つまり、儒教ほどは年功序列を重視しないということです。

仏教には、こういう話があります。

執着心の旺盛《おうせい》な高齢者が、出家者たちが坐《すわ》っていた部屋に入ってきます。ところが誰も席を譲ろうとしません。そこで高齢者は、「なんだこの仏教徒の連中は、長老への接し方も知らないのか。誰も席を譲らないのか」と怒ります。

ブッダは、それを見ていて「われわれは、執着心旺盛な人を長老として敬うことはしません」というようなことを言います。みんな、この老人が執着心の強い人間だということを知っていたのですね。だから敬意をはらわなかったというわけです。このあたりは儒教とは、価値体系が違うところですね。

一方儒教からみると「出家」などは、とてもひどい行為になります。両親も妻子も捨てるわけですからね。親に対する「孝」も主君に対する「忠」もないわけです。その上、乞食行《こつじきぎょう》を実践する人を聖者として敬い施す文化も比較的薄い。ですから、過去、儒教は何度も厳しく仏教を攻撃しています。そのため、一時期中国で仏教は、大きく衰退します。その中で、興隆してくるのが禅仏教なんです。なぜなら、禅は社会や他者に依存せず、自分で何でもするからです。人の余り物で暮らすという出家の方式ではなくて、自分で作物もつくって自分で料理もする。そして、暮らすことすべてが禅だと考えます。

有名な禅師である百丈懐海《ひゃくじょうえかい》という人の言葉に「一日つくらざれば一日食らわず（働けない日が一日あれば、その日は食べない）」とあります。こういう仏教だから中国で発展したんですね。禅仏教は中国で完成した仏教だと言えるでしょう。ついでに言いますと、浄土仏教は日本で完成しました。

その土地その土地の風俗や習慣、ものごとの価値観によって、仏教体系の中で何が発達するかというところを比べてみるだけで、なかなか興味深いものがあります。

さて、話を戻して「仏教と非暴力（に関する倫理）」の問題ですが、仏教の場合、出家者と在家者とを分けて考えなければなりません。

出家者はどんなときにでも非暴力です。ブッダ自身も、わが家族わが民族が滅ぼされていくのを、ただ黙視しているだけでした。シャカ族の国は隣国のコーサラという軍事大国によって攻められます。二度までブッダはコーサラの指導者に思いとどまるよう説得しますが、三度目は黙って見送ります。そして、自分たちの民族が滅ぼされるのを見届けました。たとえ、自分たちの民族が滅んでも非暴力を貫く。精一杯、対話は試みました。しかしこれ以上、引き留めるにはなんらかの暴力的な行為しかないと判断したのかもしれません、最後はただ見つめていることしかできませんでした。

「マッジマ・ニカーヤ」の中に、『鋸喩経』というお経があります。そこには、強盗が入ってきて自分の手足が今まさにノコギリで切られようとしても、相手に憎しみを起こしてはいけないというのです。出家者はいかなる場合であっても、非暴力でなければなりません。恐ろしいほどの覚悟ですね。とても実行できそうにありません……。いや、たとえ出家者であっても、実践できる人はなかなかいないでしょう。「非暴力」とは、それほど過酷で苦難の道であることが語られているのです。

ちなみに、基本的に聖職者や出家者がいないイスラム教には「信仰のための戦い」である「ジハード」という考え方があります。信仰を守るためなら、イスラム教徒は戦わねばなりません。「信仰のための戦いは、イスラム教徒ならばどんなことがあっても参加しなければならない。嫌だろうが仕方がない。やらねばならない」といった内容が『コーラン』に書かれています。でもその戦いは、決して暴力をふるうことだけではありません。「ジハード」には、自らの内面の戦いという意味も含まれています。

仏教では、出家者の場合、どんな理由があっても暴力はだめです。

社会と関わるとどうしても暴力を使わざるを得ない場面が出てきます。自分の身を守る場合もあれば、自分の家族を守らなくちゃいけない場面もあります。自らの所有物を守らねばならないこともあるでしょう。ですから、非暴力をまっとうするには、できるだけ社会から離れて暮らさないといけないということになります。家族も所有物もなければ、暴力をふるわねばならない可能性はすごく低くなります。

では、一方の在家仏教者はどうでしょうか。

基本的には社会のルールに沿って生きていきます。社会の倫理や常識に則して暮らすのが在家者の生き方になります。ですから、できるだけ非暴力を目指すのですが、時に防御のために戦うこともあるでしょう。自分や他者や社会のために立ち上がらねばならないときもあるでしょう。それが社会を生きるということですから。

ただ「こうでなければならない」という執着心をできるだけ小さくすることを大切

にして生活せねばなりません。

先ほどの『鋸喩経』にこういう話が出てきます。

〔ヴェーデーヒカというすごく慈しみがあって心優しい女主人がいました。そこに使われている使用人にカーリーという女性がいます。彼女は、「なんとうちのご主人は慈しみ深いのだろう、怒ったところを見たこともない、なんとすばらしいんだろう。でも本当にすばらしい人なのか、一度試してみよう」と考えます。そして、ある日、カーリーはわざと遅刻して出勤します。

ヴェーデーヒカは、もちろんそんなことでは怒りません。「どうして遅刻したの」と聞きます。「いやなんでもありません、ただ寝坊しました」と答えます。「まあ、なんて……」と少し不服そうな顔をするのを、カーリーは見逃しません。あ、今ちょっと嫌そうな顔をしたな、ってなもんです。

「もしかしたら、この人は決して怒らない人じゃないのかもしれない。もう一度試してみよう」と、二日目もわざと遅刻してきます。

「どうして遅刻したの」と聞きます。

「いやなんでもありません、ただ寝坊しました」

「まあ、なんてお前はだめなの」

と少し怒って言います。カーリーは、うーん、やっぱり怒る人なんだなぁと思います。じゃあ、もう少し試してみようと、三日目も遅刻します（この人もこの人ですねぇ。まあ譬《たと》え話ですから）。

今度は、ヴェーデーヒカは怒って、カーリーを棒で殴るのです。」

（参考：アルボムッレ・スマナサーラ『怒りの無条件降伏』日本テーラワーダ仏教協会出版広報部）


こういう場合、仏教では「ヴェーデーヒカは怒りをコントロールしている」とは言いません。要するに、これまでたまたまマジで怒る状況に直面しなかっただけで、怒りをコントロールしていたわけではないんですね。

仏教の怒りをコントロールするというのは、たとえ相手がどうであろうと怒らない、それでこそ怒りをコントロールしたことになるわけです。

『ダンマパダ』には、「怒り」というチャプター（第十七章）をわざわざ一章設けてあります。いかに仏教が「怒り」に対して警戒感をもっているかがわかります。

なにしろ、仏教では「怒り」は三毒の一つです。苦悩を生み出す原因のビッグ3にランクインしているのです。「怒り」への警戒は『ダンマパダ』で語られる倫理を支えています。

現代の倫理について

およよそ仏教の姿勢を理解していただいたところで、現代の倫理学から宗教倫理学までをダイジェストでお話ししましょう。倫理には、普遍的な原理があると考える立場と、状況によって変化すると考える立場とに大別できます。

普遍的な原理があるという立場

「普遍的な原理があるという立場」というのは、何が善で何が悪なのかは、きちんとした規範があって、すべての場面において共通すると考えます。例えば、〝神との契約〟は、信仰者にとっては普遍的規範です。善悪は神がきちんと定めています。ユダヤ教の『トーラー』、イスラム教の『コーラン』などは、神の言葉ですから〝絶対の善〟です。それを守ることが倫理的な行為となります。この立場では、よいこと、悪いことは普遍であって、人や時代や場面によっては変わりません。

現代倫理学の基礎を確立したイマヌエル・カント（一七二四－一八〇四）という哲学者がいますが、彼が打ち立てた倫理学は、理論を根拠にしません。それまでの倫理は「～であるならば〇〇せよ」というものであったのですが（例えば、「他者に信用されたければ、嘘をつくな」など）、カントはこれを「仮言命法」と呼びます。そして、カントは「倫理は『定言命法』なのだ」と考えます。「定言命法」には前提がありません。「〇〇すべし」と言うのみです。そこには何の条件や判断もありません。このカントが打ち立てた倫理の原理は、今なお現代倫理を支える大きな柱の一つです。

イマヌエル・カント（1724-1804）

例えば、「嘘をつかない」という倫理性には、何の理由も前提もないのです。いかなる場合にも嘘をつかない。たとえ、本当のことを言うことによって窮地に陥る人がいるとわかっていても嘘はだめです。「定言命法」の議論で、「例えば殺人者に追いかけられている人をかくまっているとする。そしてその殺人者がやってきて『ここに隠れていないか？』と、尋ねられたらどうするのか」というものがあります。カントの原理で言えば、その場合でも嘘をついてはだめなのです。

ずいぶん以前、「なぜ人を殺してはいけないか」という議論が盛り上がったことがありました。カントの倫理理論なら簡単です。「人を殺してはいけない」には何の条件も前提もなしです。いかなる場合も殺してはならないという「定言命法」なのです。

そして、この「定言命法」に従うことが、カントが考える「自由」です。

自由とは勝手気ままに振る舞うことではなくて、外からの刺激によって迷わされないことです。だから、「定言命法」をきちっと守る、それが自分自身にとっての本当の自由です。そして、このことを「オートノミー（自律）」と言います。

人格を尊重するのに、何の条件もいらない。それは倫理（定言命法）だからです。これこれこういう人だから尊重する、というのであれば「仮言命法」になってしまいます。

いかなる状況の人であっても、人格は無条件に尊重されねばなりません。これは、人類が苦労に苦労を重ねて到達した一つの地点です。

カントはそれを守ろうとした人でした。生涯、独身を通し、自分の町から出ることはほとんどありませんでした。高齢者になって、自分の部屋で一人横になっていても、誰かがやってくるときちんと服を着替え、礼をつくして迎えたそうです。目もよく見えなくなった状態になっても、その態度は変わらなかったと言います。部屋に入ってきた人が、お見舞いの友人であろうが、学生であろうが、服装を正し、きちんと坐り直して、「あなたがどなたかは私にはよく見えませんが、私はあなたを尊重し、礼をつくして対面します」というような人だったと言われています。

現代の応用倫理にもカントの理論は重要な支えとなっています。例えば、脳死・臓器移植の問題においても、脳死＝その人の死、ということが確定されねば、臓器移植に使うことはできません。たとえ何の反応もできない状態にあろうとも、人格である限り無条件に尊重されねばならないからです。

人工妊娠中絶も同じで、いったい妊娠何週目から「人」と見なすべきかが問題となります。日本では妊娠二十二週（母体から離れても生存可能）以降の中絶は禁止されています。どこからが「人」か、という線引きがなければ殺人になってしまいます。こういう議論をパーソン論と言います。パーソン論も、カントの倫理理論に大きな影響を受けています。

善悪はその状況による効用によって決まるという立場

以上のような「善悪の規範は普遍性がある」という立場に対して、全体の有用性を勘案して善悪の判断をするのが功利主義（ユーティリタリアニズム）です。以前も少しだけお話ししましたね。ひと口に功利主義といっても、有名なベンサム（一七四八－

一八三二）やミル（一八〇六－一八七三）以外にもいろんな立場があるのですが、大雑把にお話しします。

例えば、社会全体の快と不快を差し引きして、快が大きい行為は「善」ということになります。ですから状況によって良いことと悪いことが変わる可能性を内包しています（七一－七二ページ参照）。

前にもお話ししたように、福祉は功利主義に基づいています。みなさんが、自分の蓄えの中から少しずつお金を出さなければならない。もちろん、それは不快なことでしょうが、将来的に安心感があるとか、福祉サービスを受けることができるという快のほうが、不快よりも大きければその政策は善であるわけです。

これが現代の倫理のもう一つの柱です。カントのオートノミーと、この功利主義によって、現代倫理の大部分を支えていると言ってよいでしょう。

では、みなさん、ここで功利主義についてちょっと思考していただきましょう。

例えば、四人の人物が海に漂流しているとします。残りの食料を計算すると、四人全員で分配すれば、おそらく全員が死ぬことになります。でも、三人だとかなりの確率で助かる。まずそういう状況があると考えてみてください。ここまではいいですか。

この場合、「食料を公平に分配して、四人とも死ぬ」という選択と、「一人を殺して三人が助かる」という選択、どちらが倫理的に正しいと思います？

カントの倫理だと「たとえ四人とも死ぬことになろうとも、一人を殺すことは認められない」となりそうです。功利主義から考えると「一人殺して三人が助かるのを是認する」可能性があります。みなさんならどう考えます？

じゃあ、この四人の中の一人は無職のホームレスで、残りの三人は非常に優秀な科学者、という条件をつけたらどうでしょうか。この三人は、もし生き残ったら画期的な研究を成し遂げ、数万人を救うことになる可能性がある、とすればどうでしょうか。四人の中の一人は犯罪者で、生き残ったら後に五人も六人も殺す殺人鬼となる可能性が高い、となったらどうでしょうか。

ちょっと最初の印象がぐらぐら揺れてきませんか？

では、この殺される人が自分であれば、どうですか。

と、まあ、こういう思考トレーニングは、自分自身の倫理力を鍛えてくれます。

倫理と道徳　無知のヴェール

かつてルース・ベネディクトという人類学者は『菊と刀』という日米比較文化論書を書きました。その中で、ベネディクトは、欧米人の文化のかたちを「罪の文化」と呼びました。確かに、人間は罪なる存在であるというのは、キリスト教文化圏の大きな特徴ですね。「原罪」は、母体となったユダヤ教にもなかったキリスト教独特の教義です。

これに対して日本は「恥の文化」というふうにベネディクトは呼びました。日本には罪の文化は見られない、世間様に顔を向けられないとか、地域共同体をいかにうまいこと運営するか、そこの倫理観があるというわけです。

これを「神をベースにした倫理と、共同体をベースにした倫理の違い」と考える人もいます。あるいは、「神に支えられているのが倫理、共同体に支えられているのが道徳」と、区別する人もいます。

共同体ではなく、自らの自覚と決断によって自分の使命を見出《みいだ》す実存主義の倫理観もあります。実存とは現実存在の略称で（略したのは哲学者の九鬼周造《くきしゅうぞう》だそうです）、今ここにある自分自身の現実のあり様を指します。そのあり様を直視し、誰にも取って代わってもらうことはできない、かけがえのない自分が進むべき道を選択する個人主義傾向が強い倫理です。

また、現代ではリバタリアニズムという自由至上主義の立場もあります。人間にとって「自由」こそ最大の価値だというポジションです。リバタリアニズムでは、「人に迷惑をかけない限り何をやってもいい」という倫理観に立ちます。

それに対して、共同体の価値を大切にするのが共同体主義（コミュニタリアニズム）と言います。共同体主義といっても、決して全体主義や個人の自由を制御するものではなく、行きすぎた自由主義に対して提唱されるようになりました。人間はそもそも社会の中に生まれたときから放り込まれて、そこから出ては存在できない。人間は社会的な生き物であるから、高い品格を守るために、個人の自由は制限されるべきだという立場です。

こうしてみるといろんな倫理の立場がありますね。

現在の状況になる前に有力な立場だったのはリベラリズム（自由主義）です。かつての日本もリベラリズムの社会を目指していました。基本的には個人の自由を尊重するが、弱者救済のためには個人の自由は制限されるという正統派リベラリズムです。リベラリズムの性格がよくわかる「無知のヴェール」という話があります。アメリカの有名な哲学者であるジョン・ロールズ（一九二一－二〇〇二）という倫理学者が提唱しました。

どのような社会を運営していくべきかを考える場合、「無知のヴェール」をかぶるんです。これをかぶったら、自分は男であるか女であるかさえわからなくなる。年齢、社会的ポジション、家庭環境、どんな仕事をしているのか、どのくらいの財産があるのか、一切わからなくなる、ということにしましょう。いいですか。

じゃあ、ヴェールをかぶったとき、あなたはどういう社会を望みますか？

これをやると、ほとんどの人が、弱い人も生きていける社会を望むわけです。なにしろヴェールをはずしたら、もう最下層のひどいポジションで生活しているかもしれませんからね。

そうやって理論を組み立てていくのが、リベラリズムということになります。

ただ近年、財政に行き詰まったイギリス・アメリカ・日本と相次いで「民間のことは民間に」「それぞれの自己決定でやっていってもらう」「小さな政府」を目指すネオ・リベラリズム（新自由主義）へとシフトしていったのはご存じのとおりです。


どのような倫理観や政策に重心を置くとしても、公正性を担保できない社会は、結局、自分で自分の首を絞める社会になってしまうことは間違いないでしょう。

インドなどに行くと、痛切に感じます。インドは、ものすごく不公平な社会なので、人々が社会の公正さに対してあまり信用していないんです。日本みたいに順番を待って並んでいれば、いつかは必ず自分に回ってくる、とは全く思っていません。みんなが公正さを信用しないとどうなるか。前へ前へと全員が出ようとします。出口が一個しかないのに、人が殺到して、全員が出られなくなる、そういった感じの状況になるのを目撃したことがあります。

その意味では、公正さをお互いに担保し、他者との共生を可能にするための理念が倫理だということになるわけです。

『大般涅槃経《だいはつねはんぎょう》』でブッダが社会の運営に関する政治的発言をしています。「合議制で運営する」「みんなで協働する」「ルールをあまり新しく追加せず、現状のルールを守ることに力をそそぐ」「弱者を大切にする」などを重視すべきだと述べています。これを「七不退法」と言います。

自己決定の〝自己〟を疑う仏教

私は大学で生命倫理の講義も担当しています。生命倫理とは、生命に関する技術を倫理的にどう考えるかという領域です。

例えば、クローン人間をつくっていいかどうか、安楽死は認めるべきか、そんなことを考えるわけです。

でも、現在の生命倫理の領域は、すでに行き詰まってしまっています。というのは、結局、「自己決定（セルフデタミネーション）」に着地してしまうからです。どんな議論もそこへと集約されてしまう。ほとんど水戸黄門《みとこうもん》の印籠《いんろう》状態ですよ。

しかし、仏教は「自己決定」の〝自己〟そのものを疑います。仏教だと、果たして決定できるような〝自己〟など幻想ではないのか、といった生命倫理の領域では思いもかけない問いを発することが可能です。

これからますます多様化し混乱すると思われる倫理の問題ですが、仏教には現代の倫理を揺さ振る力があると思います。

例えば、次の偈を読んでみましょう。


〈快楽〉と〈不快〉とを捨て、清らかに涼しく、とらわれることなく、全世界にうち勝った英雄、――かれをわれは〈バラモン〉と呼ぶ。(四一八)

この場合のバラモンは、カースト制度のバラモンを指しているのではなくて、聖者・立派な人という意味です。つまり快楽にも不快にも支配されずに、執着心を捨てた人を立派な人と呼ぶ。それが仏教の価値体系ということになるわけです。

快からも不快からも離れた地点にポジショニングする。このような〝中道〟の実践は、私たちの日常における倫理観を変えていってくれるかもしれません。

考えてみたら、倫理は実行可能な部分を取り扱う領域ですが、倫理と違って宗教は実践不可能なことを言いますよね。例えば、一人息子を生け贄に捧げろ、手足をのこぎりで切られても憎しみを抱いてはならないと、人間の本来の姿に逆らうような極端なことを言う。

これは、宗教のもつ戦略性だと思います。やはり実行不可能なことを言ってこそ、宗教性が発揮されるという側面はあり得ると思います。

死者の視線を意識する

さらに、宗教と倫理の違いとして挙げられるのは、「死者の視線」ですね。宗教は生き死にを超えるストーリーを紡ぎますので、死者とだってつながっているわけです。キェルケゴールは、「死者こそは真の他者である」と言っています。まったく相互理解できないもの、それが真の他者だからです。死者というのは、どうしても理解できない、理解不可能なものだという立ち位置に立つ、それが大前提です。でも私たちは、常にその死者の声を聞こうとしなければならないのです。その態度こそが宗教的倫理の基盤かもしれません。

ときどきマスメディアで、死者の言うことがわかるとか、こうすれば死者が満足するとか、そんなことを言う霊能者がいますが、宗教においてそれほど非倫理的な態度はないわけです。

どうしても理解できない死者の声に耳を澄まし、どうしても理解できない死者の視線を気にする。まるでどこにも着地できないような宙づり状態ですね。この宙づり状態において、宗教的な倫理観は鍛えられるのだと思います。（参考：内田樹『死と身

体』医学書院）

仏教というのは、考えたこと、喋《しゃべ》ったこと、思ったことがその場で終わらずに、連鎖が起きるととらえますので、行為の主体である人物が亡くなっても、連鎖は続きます。譬えて言うと、両親が亡くなっても、心の中に両親の優しい気持ちとか、こうなってほしいという願い、そういうものがわれわれの中に流れていますし、身体的にはDNAも流れています。これが、また次の私の人間関係や生き方に影響を及ぼしていくわけです。

こっちの道を選ぼうか、あっちの道を選ぼうか、と考えたときに、こっちの道に行ったほうが亡くなった父さんは喜ぶだろう、あっちの道に行ったら死んだおばあちゃんは悲しむだろうと、そうやって死者の視線を意識して、死者と対話しながら、生きているわけです。

死者の視線、死者との語りの中に、宗教と倫理の架け橋があるのかもしれません。

倫理性を支える戒律

さて、ほとんどの宗教には「タブー（やってはいけないこと）」があり、「エートス（特有の行為規範）」があります。そして、それがその宗教の倫理性を支えています。

仏教では出家者・在家者ともに「戒」という倫理規範があります。「五戒（パンチャ・シーラ）」が代表的な「戒」です。仏教の「戒」の言語は「シーラ」といいます。これはもともと「習慣づける」という意味に近く、ユダヤ教やキリスト教のように「戒律は、神との契約」というわけじゃありません。

またジャイナ教のように、「必ず守ることこそが正しい」というわけでもないんですね。ジャイナ教にも仏教同様、「五戒」があります。仏教とジャイナ教は、ほぼ同時期に成立しており、思想が共通しているところもあるので、兄弟宗教と呼ぶ人もいます。でも、「戒」に関してはかなり考え方が違います。日本語で訳すとどちらも「戒」なのですが、ジャイナ教のほうの原語は「ヴラタ」です。これは「厳密な誓約」という意味が強く、かなり厳しく守らねばなりません。

これに対して、仏教の「戒（シーラ）」は、「生活目標」といいますか、「習慣化」「肌感覚化」を目指します。

「戒」が身体感覚になるように、日々そっちの方向に向けて生活するわけです。

ついでに言いますと、「律」の言語は「ヴィナヤ」です。ブッダは亡くなる直前に、「些細《ささい》な律は捨ててもいい」と言ったのですが、「いったいどの律が捨てていい些細なものなのか」ということは指摘せずに亡くなったものですから、弟子たちは困ってしまいました。

結局、みんなで相談した結果、「われわれで判断せずに全部守っていこう」としたグループと、「これはいらないと思ったら自主的に捨てていこう」というグループに分かれていきます。保守派と革新派に分かれたんですね。

大乗仏教の極北、日本仏教

その革新派の延長線上にある大乗仏教は、社会と関わろう、積極的に他者と関わろう、という方向へと展開しました。ということは、大乗仏教は世間の倫理について常に敏感でなければならないということです。出家者コミュニティ内の倫理を重視するテーラワーダとの相違です。

大乗仏教徒は、自らを「大きな乗り物」という意味で「マハーヤーナ（大乗）」と呼びました。かれらは、自らのことを「菩薩《ぼさつ》」と名乗りました。「悟りを求める者」という意味である「ボディサットヴァ」を音写すると「菩提薩埵《ぼだいさった》」です。略して「菩薩」です。本来は、悟りを開く前のお釈迦《しやか》様のことを言いました。

「私たちも悟りを求める者だ、それには出家も在家も、じつは大きな違いはないのだ。悟りを求める菩薩の生き方こそが仏教の道であり、おそらくブッダの真意はここにある」と主張するわけです。

大乗仏教は、世界に満ち満ちるさまざまな仏たちが法を説いていて、その仏たちの願いによって私たちは生かされており救われていくのだ、という立場に立つので多くの仏さまが語られます。代表的な仏さまには、釈迦如来、阿弥陀《あみだ》如来、薬師《やくし》如来、大《だい》日《にち》如来などがおられます。それぞれの仏は、救いの象徴であったり、悟りの象徴であったりします。

こうして、社会と関わり、他者と関わる仏教として、出家・在家という垣根がぐっと下がった仏教が生まれたのです。そして、それが非常に極端なかたちで発展したのが、日本仏教だというふうに考えてください。

その日本仏教の特徴の一つに、「半僧半俗」形態があります。厳密に言えば出家者ではない。在俗にありながら仏教を軸として生きるという「半僧半俗」の体系は、日本宗教文化の中で（他国・他文化圏よりも）とても発達しました。きっと、日本の宗教文化の特性に原因があるのでしょう。

とにかく、いろんな世俗を生きる仏教徒の形態が生まれます。聖《ひじり》（日知《ひじ》り）とか、毛《け》坊主《ぼうず》とか、隠遁者《いんとんじゃ》とか。あるいは沙弥なども各地で活躍しました。沙弥は、もともとは正式な僧侶《そうりょ》になる前の人ですが、日本仏教では、半僧半俗の人も沙弥と呼んだりしました。民俗学では「俗法師」などという言い方もあるようです。

彼らは普通の生活をしているのですが、毎日、念仏をして暮らすとか、時には村の中に死者が出たら、ぼろぼろの衣を着て、葬儀や法要をおこなう。お坊さんかお坊さんでないかわからないような人が、庶民の生活の中で人々の苦悩や悲しみに寄り添ってきたんですね。おそらく、僧侶が葬儀をすることになったのも、この人たちに起因しているんじゃないかなぁ。

みなさん、ご存じかもしれませんが、僧侶が家庭をもったり結婚したりするのは日本仏教だけです。一部の韓国仏教などにもそういう人たちがいますが、普通、仏僧は結婚するなら還俗《げんぞく》（僧侶から在家者へと戻る）しなければなりません。

他の国には見られない独特の形態ではありますが、ある意味、日本仏教の行き着く先でもあったかもしれません。「むしろ普通の生活をしながら、社会を生きることこそが真の仏教じゃないか」というところまで突き進むわけです。

というわけで、日本仏教においては、出家と在家の構図は大きく上書きされています。現在では、日本のお坊さんの大部分は、（一時的には出家者的生活を実践するのですが）ほとんど普通の人とあまり変わらない生活を送ることとなります。

これに対して上座部仏教の僧侶は、伝統的な出家者としての生活を堅持しようと努めています。僧院において集団生活をおこない、二百数十の戒律を守り、修行を続けて悟りを開くことを目指します。まさに「三帰依」で合誦《ごうじゅ》されるごとき、帰依すべき集団って感じです。ミャンマーやタイなどでは、大部分の男性が一度は得度（剃髪《ていはつ》して、僧衣を身につけ、僧侶になる）して、僧院生活をするようです。数日で還俗する人もいれば、そのまま生涯僧侶として暮らす人もいます。

ミャンマー（ビルマ）の僧院でのある一日をご紹介しましょう。

午前五時　起床・洗面

六時　礼拝・瞑想《めいそう》・作務

七時　おかゆなどの軽食

八時　托鉢《たくはつ》

十一時　講義・学習

十二時　食事

午後二時　休息

三時　沐浴《もくよく》

四時　学習

七時　坐禅《ざぜん》・説法

九時　勤行

就寝

（参考：池田正隆『ビルマ仏教』法藏館）

朝は夜明け前から起床して、瞑想や坐禅や学問をおこない、托鉢して喜捨を受ける。

午前中しか食事をせず、女性や貨幣に触れることも避ける。経済活動も、生産活動もしない。そういった生活です。

日本の僧侶も、修行期間中はだいたい似たような生活を送ります（食事の回数など相違する部分はありますが）。ただ、現在、日本の場合は「僧侶という資格を得るための研修期間」という性格が強いと言えるでしょう（中には生涯を通して出家者生活を送られる方もおられます）。

いずれにしても、日本仏教と他地域の仏教とを比べると、同じ宗教とは思えないほど雰囲気が違っていたりします。考えてみれば、これまでの日本仏教の歩みを概観しても、ユニークなところが多いですよね。日本で初めて書籍として成立したのは聖徳《しょうとく》太子《たいし》の『三教義疏《さんぎょうぎしょ》』だそうですが、これは『法華経』『維摩経《ゆいまぎょう》』『勝鬘経』の解説です。最近は聖徳太子という人物像自体にいろいろ疑問があるようですが、とにかく、『維摩経』では、並み居る釈尊の高弟たちが、在家仏教者の維摩居士に「なんじゃ、そんな社会からかけはなれたものは本当の修行ではないわい」と一喝され、『勝鬘経』では在家女性仏教者の勝鬘夫人が、釈尊やその弟子を前に堂々と仏法を説き（まさに文字どおりの釈迦に説法）、釈尊の称賛を浴びます。どうも、日本仏教は出だしから、在家主義傾向にあったと言えるかもしれません。

さらに、他文化圏に比べて、日本では浄土仏教がとても特徴的な展開をとげます。

もちろん、法然《ほうねん》という仏教の再構築者がいたことは大きな要因だったのは間違いありませんが、それだけでなく浄土仏教は日本宗教文化と共振しやすい部分が大きかったんじゃないでしょうか。私のような真宗の僧侶は、出家者の生活をしません。結婚も否定されませんし、食規範もありません。一般的な社会生活の形態そのままです。アジア経済研究者の中村尚司《なかむらひさし》先生が、そのような真宗僧侶の形態を外国人に英語で説明する際、「ノーマライゼーション」と表現しました。横で聞いていて、「ああ、その言葉だとわかりやすいかも」と思ったのを覚えています。

ノーマライゼーションとは、もともとは障害者福祉の分野で提唱された社会理念です。さまざまな個性を区別することなく、社会生活を共にしていこうという考え方に基づいています。つまり中村氏は、真宗が出家・聖職者・在家・在俗といった区別を解体していったことを、ノーマライゼーションという用語で伝えようとしたのですね。

そうだ、真宗にはほかにも興味深い形態があるんですよ。滋賀県あたりの真宗には「ぼんなり」という形態があります。いや、「ありました」かな。今は、もう、ほぼ消滅状態みたいですから。「ぼんなり」とは、世事を跡継ぎに譲って、「ぼんさん（坊さん）」になることです。まるで、ヒンドゥー教文化のチャトル・アーシュラマ（四住期）の「林住期」みたいでしょ（一三四 - 一三五ページ参照）。しかも、「ぼんなり」になるには、「本人の強い意志」「きちんとひと通りの読経ができる」「長年、仏法を聴聞してきた」「地域のみんなに信頼されている」などの要件を満たさなければならないんです。「ぼんなり」になると、独特の頭巾《ずきん》と丈の短い衣姿で儀礼をおこない、みんなからすごく尊敬されたようです。いやぁ、もはや僧俗の境界が融解していますね。『ダンマパダ』に述べられている出家のように、「家族をもたない」「財を所有しない」といったラインからはずいぶん逸脱していますが、このような僧俗が入り混じったような仏教もあるってちょっと魅力的じゃないでしょうか（と言っても、日本仏教だけが唯一異質だというわけでもありません。仏教は各地・各文化・各民族で、それぞれに発達している部分があります）。

親鸞《しんらん》は自らを「非僧非俗（僧に非ず、俗に非ず）」と名乗りました。僧侶でも俗人でもないという姿勢を貫き、ただの一人の愚か者という自覚から「愚禿《ぐとく》」と称しました。「非僧非俗」というのは、とても厳しい親鸞独特の立ち位置なので、なかなか理解するのは困難です。でも、半僧半俗的ライフスタイルなら、私たちでも可能です。日本のように、在家仏教がこんなに発達している文化圏もめずらしいので、それはそれで生きていく軸として学ぶべきところがあると思います。

そういえば、近年、タイでは「開発《かいほつ》（パッタナー、パワナー）僧」と呼ばれる「積極的に社会問題に関わる」僧侶が活躍したり、在家仏教者たちが中心になり「仏教の教えをもとに地域を支える」活動である「サルボダヤ・シュラマダーナ運動」をスリランカで展開したりしています。そして、逆に日本ではテーラワーダ仏教が注目されている。なんだか仏教を求める形態が多様化しているような気がします。

鈴木正三の職業倫理

江戸時代の初期の頃の禅僧に鈴木正三《すずきしょうさん》という人がいます。

この人は曹洞宗《そうとうしゅう》の禅僧でしたが、念仏も実践した人です。もとは武士だったのですが、出家し、また仮名草紙の作家であったというユニークな人です。正三は、「日々の生活すべてが仏道だ」と言います。例えば、畑を耕しても、次のように述べています。

ひと鍬《くわ》ひと鍬に、南無阿弥陀仏、なむあみだ仏と唱え、ひと鎌ひと鎌に住して、他念なく農業をなさんには、田畑も清浄の地となり、五穀も清浄食となって、煩悩を消滅するの薬なるべし。（『四民日用《しみんにちよう》』）

（超意訳：無念無想となってひと鍬ひと鍬と耕すことに成り切れば、そのひと鍬ひと鍬は悟りへの道なのだ）

日常生活そのものが仏道であるとしたんですね。事業を興すのだって、商売だって、ぜんぶ仏行なんだ。そういうことをいうわけです。

ここに日本仏教独特の職業倫理の一端がうかがえます。鈴木正三は、日本仏教における倫理観に大きな影響を与えた人物です。

そういえば以前、某企業コンサルティングの人が記者会見で「みなさん、要するに私がものすごく儲《もう》けたから腹がたっているんでしょう」と言ってましたが、あれを見て日本中の人が一斉に「いや違う」とテレビに向かってつっこんだと思います。「そういう物言いを恥ずかしいと思わないあなたの感性が嫌なんだ」と感じたはずです。あの人は、(崩壊寸前ではあるが)かすかに残っていた日本の職業倫理の物語を全部無視するような手法をとったために、みんな、すごく違和感をもったのだろうと思います。

ホリエモンという人も、莫大《ばくだい》に儲けて、莫大に浪費したそうですが、私、現代の日本社会に「仕事と遊び」という二項対立しか時空間のモデルがないのは、とても悲しいと思うんです。仕事でも遊びでもない「第三の時空間」とでも言うべきものがある人生とない人生とでは、ずいぶん違うのではないでしょうか。

イスラム文化圏にはあるんですね。イスラム教では、仕事の時間を「ジョグル」、遊びのことを「ラアブ」といいます。そして彼らは、仕事でもない遊びでもない第三の時間「ラーハ」があるというのです。この「ラーハ」は、概念自体が日本語にないから訳せないんですけど、とにかく仕事でも遊びでもない第三の時間です。しかもイスラム教徒は、「ラーハ」が人生で最も大切だといいます。これはなかなか素敵な文化だと思います。欧米のマネばかりしないで、こういうイスラムの文化も取り入れたらいいのにと思います。

あ、みなさんにとっては、ここのお寺にこうして集まっている時間が第三の時空間かもしれませんね。うん、そう考えるとこの講座もまんざらではありませんね。

鈴木正三の言っていることも、やはり第三の道ですね。仏教徒にとっては、日々の行為は、仕事でもない遊びでもない、仏行なのだ、仏道そのものなんだというのですから。

「七仏通誡偈」

では、超シンプルに仏教の姿勢が述べられている第一八三番を読みましょう。

すべて悪しきことをなさず、善いことをおこない、自己の心を浄めること、
——これが諸《もろもろ》の仏の教えである。(一八三)

(超意訳：悪い事をしないで、良いことをする。自分の心を清浄にする。これこそが仏

教である）

これまた大変有名な偈です。漢訳しますと「諸悪莫作《しよあくまくさ》　衆善奉行《しゆぜんぶぎよう》　自浄其意《じじようごい》　是所仏教《ぜしよぶつきよう》」となります。一般には「七仏通誡偈《しちぶつつうかいげ》」と呼称されています。世界の仏教共通の立場を表した偈と言われています。

七仏というのは、お釈迦さま以前に、六人のブッダがおられたという思想です。お釈迦さまを入れて、過去七仏と言います。

「自己を調えれば、苦しみをコントロールできる」という真理は、ブッダがクリエイトしたわけでもない。これはもともとある法（ダルマ）なのである。だから、ブッダ以外にもこの法を悟った人がいただろう、ということからブッダ以前の仏が語られるようになりました。

この「七仏通誡偈」は、よくお寺の張り紙やお坊さんの色紙なんかにも書いてあります。昨年、奈良の興福寺《こうふくじ》に行ったときにも、この言葉が書かれた団扇《うちわ》をいただきました。

この偈には逸話があります。

中国に白楽天《はくらくてん》という有名な詩人がいたのですが、この白楽天が道林《どうりん》という人に会いに行きました。この道林という僧侶は、鳥の巣みたいなところに住んでいる仙人のような人で、別名・鳥巣《ちょうか》禅師と言いました。

その仙人は例によって樹の高いところにいるので、白楽天は下から「おーい危ないぞー」と声をかけます。すると樹の上から「お前こそ危ないぞー」という道林の声が返ってきました。

白楽天は「そんな高いところにいたら危ないよ」という意味なのですが、道林は、「おまえさん、そんな生き方でいいのか」という意味で危ないぞと言ったわけです。

この視点の違いがおもしろいところです。いい話ですね。

そして、白楽天はこの道林に「仏教の真髄とは何か」と問います。そうしたら道林は、この「七仏通誡偈」を述べました。

それを聞いた白楽天は、「『いいことをして悪いことをしない』、そんなのは三歳の子どもでも知っていることじゃないか」と言います。それを聞いた道林は、「三歳の子どもでも知っているけれども八十になっても実践できないじゃろうが」と答えます。

そういえば数年前、『人生に必要な知恵はすべて幼稚園の砂場で学んだ』（ロバート・フルガム）という哲学者の本が話題になりました。

幼稚園の砂場で「順番を待つこと」とか、「相手とコミュニケーションすること」とか、「どうすればみんなが楽しく過ごせるか」など、人生の大切なことはすべて習ったというのです。「人生で大切なこと」って、すごくシンプルなことで、実は私たちはみんな薄々気がついているのかもしれませんね。でも、「自分の都合」という枠組みがそれを歪曲《わいきょく》させたり、ヘンな色をつけてしまっているのでしょう。

だから、何が歪《ゆが》めているのか、どう歪んでいるのか、どんな色がついているのか、なぜ私にはそんな色がつくのか、それを常に怠ることなくチェックしろと仏教は説くのです。

それが、まずは仏教の言わんとすることだろうと思います。

老いた日に至るまで戒しめをたもつことは楽しい。信仰が確立していることは楽しい。明らかな知慧を体得することは楽しい。もろもろの悪事をなさないことは楽しい。（三三三）

（超意訳：いくつになっても、戒めを守ることは喜びであり、楽しみである。なぜなら、それらが私の心身が暴れるのを守ってくれているからだ。信心によって自分の立ち位置と向かうべき方向性がはっきりしていることは喜びであり楽しみである。それがなければどこを向いて生きればよいのかわからないからだ。

ものごとを正しく見聞きできるようになることは喜びであり楽しみである。そうでなければ、自分で自分の苦悩を生み出すからだ。悪いおこないを為《な》さずにすむことは喜びであり楽しみである。それは本当にありがたいことなのだ）

この第三三三番を読んでみてください。私、わりと好きな偈です。戒めを保つことも、信心を確立することも、それが自分にとって自然であり楽しいことである。そのように暮らさないと気持ち悪い、という感性。仏教の教えが肌感覚にまで習慣化するということです。

ここに仏教の倫理の理想があると思います。

第五講　『ダンマパダ』でわかる仏教の魅力

仏教は手順が大切――仏教の論理性

この講座は、まず『ダンマパダ』を読んで好きになっていただこうという趣旨でお話を続けています。今まで読んできて、「なかなかいい感じだな」とか、「私はこれ好き」というように、一つでも感じていただけたら大成功です。もう、それ以上、私からの望みはありません。いかがでしょうか。これまでいくつか読んできましたが、何かお好みの偈《げ》、自分にぴったりくる偈がありましたでしょうか。

仏教とキリスト教、それぞれの特性

比較宗教学的な立場で言えば、キリスト教は「宗教的逆説性」を内包しているとか、「信仰の情念（パトス）」が強い、といった特徴を挙げることができます。

例えば、イエスによる「山上の説教（マタイによる福音書）」は、キリスト教の性格をすごくよく表していると思います。

「こころの貧しい人たちは幸いである。天国は彼らのものである」「悲しんでいる人たちは、幸いである。彼らは慰められるであろう」とイエスは説きます。「平地の説教（ルカによる福音書）」においても、「貧しい人、飢えている人、泣いている人、憎まれ迫害されている人は幸いである。富んでいる人、笑っている人、祝福されている人、その人たちはわざわいである」と述べられています。これ、一般的な社会通念とはまるっきり反対ですよね。

そもそも、宗教と社会との価値体系は相違します。社会と同じ価値観を提示するだけだったら、宗教的救いが成立しません。社会の価値体系とは別の体系をもっているからこそ、人は宗教に救われるのです。宗教が社会と同じ価値観なら、行政サービスで魂が救われることになってしまいます。だから、宗教は世俗社会とは違った方向性をもっています。これを「宗教的逆説性」と私は呼んでいます。例えば、法然も親鸞も「悪人こそが救われる」などと言っていますよね。これも「宗教的逆説性」に富んだ言説です。

そして、以前お話ししたように、キリスト教には合理性を凌駕《りょうが》する信仰があります。これに対して、仏教は宗教的逆説性に重心を置くよりも、きっちりと手順どおりに理屈を積み上げていくタイプの宗教なんです（もちろん、宗教的パトスあふれる仏教も、信心の不合理性が先立つ仏教もありますが）。しかもプラグマティズム（経験的実践主義）的傾向が強い。また、はやくから因明《いんみょう》と呼ばれる論理学も発達していました。

仏教は、信じていない人とも共有可能

比丘たちよ、縁起とは何であるか。比丘たちよ、生によって老死がある。如来が出現しても、如来が出現しなくても、このことわりは確立しており、法として確立したこと、法として決定したことである。（すなわち）これに縁《よ》ることである。（『サンユッタ・ニカーヤ』一二番）

（超意訳：縁起とは何か。因縁生起のことである。すべての存在や現象は、原因や縁によって成立するということである。老いや死はなぜ起こるのか、それは生まれてきたからである。それが縁起の法則というものだ。この法則は、たとえブッダがいなかったとしても、如来が現れなかったとしても、確立している）

如来とは、悟りの世界（一如）からこの世界へと来たものです。仏さまと同じ意味だと考えてください。縁起の法則は、たとえブッダが出現してもしなくても、厳然としてあるのだと述べられています。

生まれたら死ぬとか、老いは苦しいとか、憎しみは必ず憎しみを生むとか、そういうような仕組みは、生物のメカニズムであり、社会や人間のメカニズムです。ですか

ら、ブッダがいてもいなくても、この世の仕組みは働いているわけです。

ブッダは、天地創造の神のような存在ではなくて、この世界を機能させている仕組みや自分の実相をきちっと理解した人ということなんですね。

そのように考えてみれば、仏教とは「信じていても、信じていなくても、共有可能な部分がある」宗教だということになります。

こういうのを、「メタ宗教性」と申します。

宗教以前の宗教と言いますか、制度化された宗教を超える部分のことです。

仏教は、この「メタ宗教性」の裾野も広い宗教だと言えます。

考える手順、実行する手順を重視する

仏教はある命題に対して、正しいか間違いか、真か偽かを論理学のように思考する手順を大切にします。

ブッダがアーナンダに「縁起」を説いているシーンです。

　これに依《よ》るから（何かの因）老死はあるのですかと問われれば、アーナンダよありますというのが答えるべきことである。

　さらに何によって老死があるのですかと問われたのならば、生まれることによ

って老死があると答えるべきである。(「ディーガ・ニカーヤ」一五)
(超意訳:君がもし、何かの原因があるからこの老いとか死とかがあるのですかと聞かれたら「そうなんです」と答えなさい。じゃあいったい何が原因なんですかと問われたら、「それは生まれることだ」と答えなさい)

こうしてアーナンダは、ブッダに論理性を鍛えられていったのでしょう。

ブッダの手法は、「なぜ苦しみや悩みが発生するのか」ということを遡及《そきゅう》し続け、繰り返し繰り返しその順序をトレースする、というものでした。

それゆえ、仏教では考える手順、あるいは実行する手順を非常に重視します。

その典型的な言葉を大乗経典から拾ってみました。

ものにはすべて順序があり、異なる働きがそなわっている。不平を並べてその順序を乱し、そのために、そのおのおのに与えられている働きを失うようになると、そのすべてが滅してしまうのである。(『雑宝蔵経《ぞうほうぞうきょう》』)
(超意訳:ものにはすべて順序がある、働きが備わっている。自分の都合でその順序を捩《ね》じ曲げてしまったら、そのものが本来もっている働きが失われてしまう。そのもののすべてが台無しになってしまうのである)

すべてのものには、きちっと順序どおりおこなわないと本来の機能が果たせないという本質がある。

本来もっている機能を果たすためにはその手順を間違えてはだめだ。

それがブッダのものの考え方ですね。かっこいいと思いませんか？　私なんか、このあたり、しびれますが。

しかし、このことも私たちはある程度経験で知っていますよね。

例えば、日常生活においても、一つのものごとを伝えるのに、手順がうまくいけば伝わるが、手順を間違えれば伝わらない、伝わらないどころか思ってもいない誤解を受ける、ということはしばしば起こります。一度、自分の印象に残っている失敗例や成功例を順序よくトレースしてみてください。必ずそういう経験をしているはずです。

島田《しまだ》紳助《しんすけ》という関西出身のタレントがいますね。この島田紳助とダウンタウンの松《まっ》本人志《もとひとし》が、「松本紳助」という番組をやってたんですよ。夜遅い放送なので、めったに見たことはなかったのですが、たまに見るとあの二人がすごく対照的だということがよくわかりました。

島田紳助のおもしろさは、話す手順が上手なんです。だからずっと第一線で活躍できるのでしょう。

紳助「まず普通は〇〇と考えるわな」
相手「まあ、そうですね」
紳助「ところが××なんや」
相手「それはなんでですか」
紳助「だって、△△やもん」

という順序がうまいんです。ちょっと具体例が思い浮かばず、何のことを言っているのかわからないかもしれませんが、今度テレビで見かけたら注意して聞いてみてください。笑いへともっていく手順がかなり計算されていることに気づくはずです。

これに対して松本人志という人は、わざと手順を飛ばすんです。誰もついていけないようなところまで一気に飛ばして意外な笑いを生み出す。そういう手法です。以前、相方の浜田《はまだ》雅功《まさとし》とでこんな会話をしていました。詳細は忘れましたが、何か浜田雅功が自分の失敗談を話したんです。そしたら松本人志は、「それはキミが間違っている」と言います。

浜田「なんでオレが間違ってるねん」

松本「なんで、……て。最初から間違ってるやん」
浜田「最初って、どれのことやねん」
松本「そら、中学校の修学旅行の行き先から間違ってるがな」

昔からよくある漫才のやりとりで「そら、キミ、朝に家を出るときから間違ってるがな」という定型があります。一種の不条理な笑いです。それが説明もなしに、「中学校の～」というところまで飛躍してしまうんですね。だから松本という人をおもしろいと感じるためには、ある程度感性が共有できていないとだめなんですね。すべての人がおもしろいとは感じないでしょうけど、その共有事項（この場合は「朝に家を出るときから～」という不条理な言い方があるということ）を知っている人には快感に近い笑いが生まれるわけです。

話が逸《そ》れてしまいましたが、ブッダが言っているのは、手順を間違えればうまく機能しないどころか、そのものが本来もっている働きさえ失われるということでした。だから、仏教はもつれた糸をほぐすように、一つずつ関係性をチェックしていきます。これは、決して主知主義とか知性第一主義ではありません。あくまで生きていく上での実践方法であって、心身を調えるための手段なのです。

ただ、大乗仏教においては、禅仏教が「直観」を重視することは以前お話ししたとおりですし、浄土仏教では「信心」を重視します。

ものごとを見る枠組みをはずす――仏教の認識論

知っているとはどういうことか

仏教では認識論（この場合は、人はどのようにものごとを知り、判断するのか、という意味）が重要論点となりますので、「知っているとはどういうことか」「知らないとはどういうことか」「わかっているとはどういうことか」「わからないとはどういうことか」、そういったこともしっかりと考察して、ものごとを正しく見る目へと転換させていきます。

例えば、二人の人がいて、かたや近代人、かたや前近代人だとします。

そこに自動車が向こうから走ってくる。

二人はこの自動車を目撃します。

片方の近代人は自動車というものを知っているわけです。

片方の前近代人は自動車というものをこれまで見たこともなく、どんなものかも知らない。

さて、この場合、二人の相違はどこにあるのでしょうか。

もし、近代の哲学者がこの場面を語るのなら、「真に自動車を見たのは、近代人のほうである。ひょっとすると前近代人のほうが視力がよくて、近代人よりも先に自動車を目撃したかもしれない。でも前近代人は『自動車というもの』を知らないので、自動車を見たとは言えない。自動車というものを認識できない。ゆえに自動車を見たのは近代人のほうなのだ」と言うかもしれません。

ところが仏教の考え方はちょっと違います。

「この近代人はすでに自動車という概念をもっているから、その枠組みを通して走る自動車を見てしまっている。だから、すでにこの人は走っているモノの実相を見ることができなくなっている、とは言えないだろうか」と仏教では考えてみるわけです。

逆に前近代人は「自動車という概念をもっていない。出来合いの枠組みを使って走っているモノを認識せず、ありのままに見ている」。となると真に走っているモノを見たのは前近代人だ、そう考えることだって可能なわけです

仏教はこのような理路をもっています。だから仏教では、知識に頼ったり、理性を

第一義にすることはありません。

「わがもの」という思いをはずそう

名称とかたちについて「わがもの」という思いが全く存在しないで、何ものも無いからとて憂えることの無い人、――かれこそ〈修行僧〉とよばれる。（三六七）

（超意訳：すべての存在は名称と形によって成立しているだけであって、実体はない。そのことをきちんと理解すれば、「これはわたしのものである」という思いを解体できる。「これはわたしのもの」という思いがなければ、憂いもなくなる。これが出家者である）

すでに車だという概念を知っている以上、そこから逃れることはできない。私たちは、名前とか形とかいう概念を使ってものごとを認識してしまいます。でも、それは一時的状態なのだから執着（いつまでも存続するような錯覚）してはいけない。それが出家者の道です。

でも、私たちはその名前と形で成立した世界から逃れることはできません。そのことも仏教はきちっとおさえています。

ポイントは、「何が何でも手に入れよう」とか「私のものである」とか「絶対に手放さないぞ」という思いをなんとかしよう、という点にあります。名前と形という認識から逃れられないけれども、「わがもの」という思いを強くしないようにすれば、憂いや苦しみから離れることができるということです。

例えば、少しカリカチュア化して仏教的に〝自分というもの〟を詰めていってみましょう。


「君というものは一体何なんだ」

「えっ？」

「君のその肉体が君なのか」

「いやそうではありません。たとえ肉体の多くの部分を失おうとも、私は私です」

「じゃ君の脳が君なのか」

「いやそうではありません。たとえ、脳の多くの部分が働かなくなったとしても、私は私です」

「じゃ君が考えていることが君の本体か」

「いやそうではありません。たとえ、自分の記憶がなくなってしまっても、私は私です」

と、まあ、ずっと玉ねぎの皮をむいていっても、最後には何も出てこない。同様に「自分というもの」も、突き詰めていけば、実体的なものはない。

こんなふうに「自分というもの」について思いをめぐらすのも、よりよく生きるためのトレーニングです。自分はいろんな要素の関係性によって存在している。そのことを何度も確認・点検して、苦悩のもとである「自分というもの」が強くならないようにするのです。

普遍的なものがあるから認識できるとする西洋哲学

ついでに言いますと、ギリシア哲学では、「なぜ私はこの物体を自動車と認識することができるのか」という問題に取り組みました。だって、自動車といっても、いろいろなものがあります。トラックとかワゴン車とか、あるいは赤いものとか白いものとか。ところが私たちは、みんなひとくくりに「車」と認識できるのは、「それらを『車』として成り立たせている普遍的で共通のもの（＝車性？）がある」からではないのか、と考えました。現象を成り立たせている本質がある、そう考えたのですね。

さらに、これがキリスト教の手にかかると「神」という絶対普遍が成り立たせているという話になります。

例えば、私たちが牛を見たとします。これを馬ではなく牛だと私たちが判断できるのは、「牛」を牛として成立させている牛性（？）を神がおつくりになったので「それは牛だ」と認識できると考えます。

このあたりの認識論も、仏教とは違うところです。

アポーハとプラパンチャ

五世紀にディクナーガ（陳那《じんな》）という人が、遍充（関係性の論理）という点に注目し、「因の三相（正しい理由と見なされる三つの条件）」の理論を中心に仏教論理学（ディクナーガ以降は、新因明と呼ばれる）を完成させました。

この人に言わせると、われわれはものごとを一個一個でしか知覚できない。牛といえば目の前の牛であるその牛しかわからない。その向こうの普遍的な牛一般というのはそもそもないのだ、と。

牛一般のことを仏教の論理学では、「仮名《けみょう》」といいます。仮に名づけた虚構である。そういうふうに考えます。

この「仮《け》」という概念を、ちょっと頭に入れておいてください。

われわれには、「牛一般」だとか「馬一般」というものはわからない。そんなものはありません。ではなぜ牛を馬と勘違いしないのかというと、「牛以外のものをすべて排除して認識するんだ」というのですね。これは馬ではない、猿ではない、虎ではない、と他の可能性を排除して、結果的に「これは牛だ」と到達する。

この仕組みを仏教では「アポーハ」と言います。

だんだんややこしくなってきましたね。もう少しお付き合いください。

このアポーハの話、構造主義を学んでいる人には、すぐに理解できるようです。構造主義に先立つこと千五百年以上、構造主義とほとんど同じことをディクナーガが言っているんですから、すごいですね。

さて、「アポーハ」によって、私たちは「牛」を正しく認識できるかというと、そうはいきません。「プラパンチャ（戯論《けろん》）」という認識の仕組みがあって、必ず自分なりに歪《ゆが》めてしまうというのです。「プラパンチャ」とは、先入観や思い込みや感情などによって情報が歪曲《わいきょく》・合成されて認識してしまうシステムのことです。

「これは自動車だ」「これは牛だ」ということだけでも、こんなにいろいろと楽しめるんですね。え？　かえって頭がごちゃごちゃしてきましたか？　まあ、それもいいじゃないですか。

無自覚にもっている「こうあるべきだ」という枠組みを疑う

とにかく「私たちが五感や六感を使って認識しているものも、けっこう怪しい」と少し感じていただければ、それは仏教の第一歩です。

何度かお話ししていますが、仏教の第一歩にして肝心な部分は、漠然ともっている自分の都合による「枠組み」、無自覚に（なおかつ、けっこう強固）にもっている「枠組み」、こうあるべきだという「枠組み」を点検し疑うところからはじまります。

みなさん、こんな心理テストをやったことがありませんか？

「私は――――です」と書いてあるのが十五問ほど並んでいて、この傍線のブランクに言葉を入れていくのです。どんな言葉を入れてもかまいません。やってみるとわかりますけど、たいていの人は、「私は女性です」「私はサラリーマンです」「私は背が高いです」「私は内気です」「私は学生です」「私は二人兄弟です」といった外観やら社会的ポジションやら性格なんかから書きはじめます。しかし、七個目八個目あたりから、けっこう考えないと出てこなくなってきます。十個目を超え、十二個目や十三個目くらいになると、相当悩んで出さないといけないという状態が起こったりします。このあたりから、自分でも意外な内面性が言葉になって出てきたりしてね。

これは、自己分析と言うか、自分を確認するテストなのですが、同時にローカス・

スコアといって「どこまで社会的な言葉を書き込むか」を見るテストでもあります。八問、九問あたりまで社会的なこと、例えば「私は部長です」とか「私は○○委員です」といったことを書く人は、枠組みが強固な人かもしれません。「こうでなければならない」という態度が強くないかどうか一度自己チェックしてみましょう。逆に、学生なんかだと社会的な項目自体があまりないので、四問や五問あたりで内面のことをどんどん書いたりしますね。それは枠組みがやわらかいとも言えますし、社会適応能力が低いとも言えます。

ともあれ、強固にもっている枠組みを点検していくプロセスを経ることによって仏道がはじまります。

日常の中で生まれる苦しみ、生きていく上で避けては通れぬ苦しみと直面し、それを背負いながら生きること死ぬことを超えるためにこの手続きがあるのです。実践するためにこそ仏教の理論は構築されているのです。

仏教が自分の枠組みを点検するのは、自分の都合によって構築されている「こうあるべきだ」「こうでなければならない」という執着心こそが、苦を生み出す根っこになっているからなんです。だから、まずそれが揺さ振ぶられないとはじまりません。

真でないものを真とみてしまう

まことではないものを、まことであると見なし、まことであるものを、まことではないと見なす人々は、あやまった思いにとらわれて、ついに真実に達しない。（一一）

まことであるものを、まことであると知り、まことではないものを、まことではないと見なす人々は、正しき思いにしたがって、ついに真実に達する。（一二）

私たちは、真《まこと》でないものを真とみてしまう。私たちは「自分の都合」で歪曲したものを見たり聞いたりしているからです。常に自分の枠組みを通して認識するために、ありのままの姿が歪められるわけです。

本当に大切なもの、実はいらないもの、それが何なのか私たちはなかなかわからない。だから、真実には到達しない。

木は木のまま、石は石のまま、川は川のまま、その人はその人のまま、しっかりと見ることができれば、生き抜くことはずいぶんシンプルになります。

この第一一番と一二番も対句になっていますね。仏教の偈頌《げじゅ》は対句を盛んに使います。

『自説経《じせつきょう》』などに出てくる「縁起」を語った有名な「これがあれば彼あり、これなければ彼なし。これが生ずれば彼が生じ、これが滅すれば、彼が滅す」という言葉も、対句形式になっています。対句のかたちで裏表・順逆をきちんとおさえるのでしょう。

この一二番には、正しき思いに従っていけば、ついには真理に達する、とあります。それこそが、目覚めた人「ブッダ」になるということです。

論理をしっかり歩む智慧

このように、仏教は「プロセス」「順序」を重視します。大乗仏教の菩薩《ぼさつ》の階位だって五十二段階もあるんですよ。

そのため、仏教には「方便」という考え方があります。仏教の大きな特徴の一つです。「方便」は原語では「ウパーヤ」といいます。平たくいうと「近づく」という意味になります。

方便とは「近づく」ということ

私の子どものときにこんなコマーシャルがあったんですよ。

たしかマラソン選手の君原健二《きみはらけんじ》氏だったと思うんですけど、マラソンの途中で「苦しいからもうやめよう」という気になったときには、「あの電信柱まで走ってやめよう」と決めてその電信柱まで走る。そこまで行ったら、「もうちょっと行けそうだから、あの角まで走ったら、もうやめよう」と決めて、またその角まで走る。それを繰り返しながら、自分なりに完走まで走り続けたそうです。それをコマーシャルの中で語っていました。

方便というのは目標に一歩近づく、その途中にある一つの目印みたいなものです。仏道の目指すところは果てしなく遠いわけですが、その途中にいくつもの中間チェックポイントが示されている、それが「方便」なんです。

サイレントな部分を捨てない

ところでさっき、「仮名」のことを話しました。「仮名」とは、実体はないが、名称があることで、あたかも実体があるように錯覚することです。いわば、とりあえず共有された虚構です。これも一種の方便だということができます。

仏教のおもしろいところは、それは仮であり虚構であるんだけど、それを捨てないところにあると思うんです。

仮のものだから、ニセモノだから、プロセス途中のただの目印だからいらない、とは考えないんですね。逆にものすごく大事にします。

仮の働き、方便の働きを大切にして切り捨てない、というか、もはや方便と真実は不離なのだ、と言うのです。

私はこれを「サイレントな部分を捨てない」と表現しています(内田樹先生のパクリなんですけど)。沈黙の部分やグラデーションの部分が仏教にはすごく幅広くあるんですよ。すっきり、クリアカットに裁断してしまわない。もっとごちゃごちゃしてものがくっついて、それも大切にする、私は仏教にそんなイメージをもっています。だからこそ、仏教の中には一神教から無神論まで内包されていますし、いろんな民族性や地域性も含まれています。だから仏教は、広大な地域の人々みんなでクリエイトしてきた宗教って感じがするんです。

と、まあ、こうやって私が話していると、ボーカルな部分しか耳に入ってこないでしょ。ボーカルな部分は言葉に整合性がありますから、耳に入ってきやすいですけど、それ以外にもたくさんのサイレントの部分があるんです。この場の雰囲気、みなさんの意識、私の態度、膨大なサイレント部分に支えられてボーカルな部分が成立しています。

宗教の体系も同じです。ほら、よく売っている「仏教入門書」とか読んでも、仏教はさっぱりわからないでしょ。かえってわからなくなったりしますからね。それはボーカルな部分だけを羅列するからです。説明が先行すると、サイレントな部分を切り捨ててしまうことになります。それでは魂の叫びに応えるような共振現象は起きません(この本をお読みのみなさん、だからこの本はサイレントな部分もできるだけ言語化して掲載しています。それで、話がしょっちゅうあっちこっちに行っております。読みにくいでしょうけど、それも承知の上で、わずかなりともライブ感覚を味わっていただいて、できるだけ同じ時空間を共有してもらおうと意図しています。成功しているかどうか自信はありませんが……）。近代合理主義なんかは、「仮のもの」「方便の部分」を切り捨ててしまう傾向が強いような気がします。

仏教の基本教理の場合、「無常」「縁起」「中道」「四諦」「八正道」がボーカルな部分です。これらについては、これまでテキストの『ダンマパダ』で読んできました。でも、その教理の周辺には、ブッダ在世当時のヒンドゥー社会文化や習俗や生命観がサイレントな部分としてくっついているわけです。チベットにはチベットの民俗性があったり、タイにはタイの伝統があり、日本には日本の文化特性がある。そういうサイレントな部分が、ボーカルな部分を支えているわけです。

ブッダは、ここを全面的に捨ててはいません。もちろん、愛欲や苦悩、差別や暴力を生み出すものはきっぱりと否定します。例えば「呪術《じゅじゅつ》や占い、呪術的医療などをおこなってはならない」（『スッタニパータ』九二七）と明言していますし、カースト制も否定しました。でも、「ブラフマナ（バラモン）への供物」なども（そのバラモンが正しい道を歩んでいるなら）捧《ささ》げればよいと述べていますし（『スッタニパータ』四二六－四六八）、ジャイナ教の聖典やヒンドゥー教の聖典と共通する言葉を使って自然への信仰について語ったりもしています（『スッタニパータ』五六八）。また「ヴェーダ聖典」も活用して話をすることもあります。

もちろんそのほうが聴衆の理解を得やすいからでしょう。ブッダは、宗教的土壌の部分でも、良いものは活用すればいいと考えていたと思います。

だから、バラモンやバラモン教を学んでいる人たちに教えを説いても、「仏教に帰依せねば救われない」などとは言いません。きちんと教えを説いたら、「じゃあ、体に気をつけて。しっかり遍歴しなさいね」と声をかけて送り出しています（『スッタニパータ』第五彼岸に至る道の章。現存する経典では、この章や第四章などが最古のものだと考えられています）。

とにかく、メインラインの部分を損なわないのであれば、サイレントな周辺部分も大切にするところが仏教にはあります。

仏法に不思議なし

私たちは、自分の都合と現実とが一致していれば苦悩せずに暮らすことができます。でも、「生きるということは、思いどおりにならないということ」ですから、自分の都合と現実はなかなか一致しません。そこで、現実を歪曲したり、現実から目をそらしたり、何かに責任を転嫁したり、他に楽しみを見つけたり、普段はなんとかごまかしながら生きています。しかし、ときには逃げ場がない苦しみに直面することがあります。

別れ・出会い・死・老いであるとか、逃げ場のない状況は、必ず来るわけです。そういうときが来たら、どうしたらいいのでしょうか。

そのときは、苦しいとか悲しいとかに支配されてしまわず、順序よく自分のあり様と状況とを何度もトレースして、自分の都合を小さくすることによって苦悩を背負って生き抜きます。その場合でも、理性や知性や理屈だけで仏教を学んでも解決しません。そもそも苦悩とは不条理なものです。「なぜ私だけがこんなことに……」という苦しみには、理性や知性は通用しません。いくら説明されても納得できない苦悩はいっぱいありますから。そんな時、仏教のボーカルな部分だけじゃなく、サイレントな部分にも耳を傾けてみることも一つの手法かもしれません。仏教の儀礼や文化や芸能や習俗など、耳を澄ませば、きっと教理以外の「信仰の情念」や「宗教の身体性」の声が聞こえてくるはずです。

しかし、こうしてずっと仏教の特徴をお話ししてみると、至極まっとうな話ばかりだということをあらためて感じます。聞いていても、極めて平凡な話ばかりだなぁ、と思っている人もおられるでしょう。

昔から「仏法に不思議なし」と申します。

『ダンマパダ』を読んだって、びっくりするような奇跡の話などは出てこないのです。来世の話なんかは出てきますが。基本的には驚くような思想や修行方法は出てきません。

ここに仏教が、多くの人との対話を成立させる可能性を感じます。

できては崩しできては崩し

もう少し、仏教の論理についての話をします。仏教の論理は、いろいろと戦略的なところがあります。

討論を通じて、(相手の)人がともに語るにふさわしいのかそうではないのかを知らねばならない。比丘たちよ。もしある人が質問されて、断定的に解答すべき問いに、断定的に解答せず、分けて答えるべき問いに、分けて解答せず、反問して答えるべき問いに、反問して解答せず、捨て置くべき問いを捨て置かないならば、このような人は、比丘たちよ、ともに語るにふさわしくないのである。

またもし、比丘たちよ、もしある人が質問されて、断定的に解答すべき問いに、断定的に解答し、分けて答えるべき問いに、分けて解答し、反問して答えるべき問いに、反問して解答し、捨て置くべき問いを捨て置くならば、このような人は、

比丘たちよ、ともに語るにふさわしいのである。（『アングッタラ・ニカーヤ』三）

これも対句の構造になっていますね。ここでは、その人が「ともに語るにふさわしいか、ふさわしくないか」を見極めろと述べられています。日本仏教でも「この人と考え方も生き方も、まったく違うなと思ったら、その場から立ち去りなさい」と説きます。「同座せず」などと表現します。とても消極的な方法ではありますが、非暴力の態度を守るためにはこの手法も使えそうですね。

そういえば、論語にも「和すれども同ぜず」という言葉があります。仲良く付き合うが、間違った意見に同調はしない、ということです。

さて、ここには「断定的に答えるべき問いには断定的に答える（一向論）」「分けて答えるべき問いには分けて答える（分別論）」「反問して答えるべき問いには反問して答える（詰論）」「捨て置くべき問いには捨て置く（止論・捨置論）」というディベート論が展開されています。そして、一向論には分別論で突き崩し、分別論には詰論でまた崩す、なんてことが書いてあったりもします。

こうやって、できては崩しできては崩し、論理をひっくり返しては、思考を鍛えるのです。そのためか、仏教って、いくらやってもすっきりしないところがあるように感じます。その点、一神教ってすごくメインラインがすっきりしていてうらやましいときがあります。

おたがいに否定し合って、なおかつ補い合う

また、以前にも少しだけお話ししましたが、仏教はたくさん体系があって、互いに批判し合いながら補い合っているところが特徴です。

例えば、仏教独特の「無我」という立場があります。ほとんどの宗教は死後も存続する霊や魂といったものを説きます。特にインドの宗教はみんな強烈な「有の存在論」をもっています。身体はただの容《い》れ物であって、私の実体は不滅である。そしてそれは輪廻《りんね》する、という立場に立ちます。仏教くらいです「私という実体はない。私は要素の集合体だ」と考えるのは。

仏教は「執着するから苦しむのだ」という教えを説く宗教です。ですので、思想が展開していけば、無我説に行き着くのもわかる気がします。実体があるかないかはとにかく一旦《いったん》横に置いておくとしても、実体があると考えればそこに執着が発生しますから。

ただ、死ねば私を形成していた心身の要素もバラバラになり、意識の連続もなくなる、と考えるならば、インド宗教の生命線である輪廻が説明できなくなってしまいます。『ダンマパダ』の中にだって、「来世の生まれ変わり」は述べられているんですから。

　ですから、かつては「有部《うぶ》」と呼ばれる部派もありました。ここは、七十ほどの要素は実在すると考えたグループです。その要素の組み合わせで存在が成立していると したのです。この派は、「空」を説くグループと真っ向から対立しました。

あるいは、「犢子部《とくしぶ》」「正量部」という派は輪廻の主体を「プドガラ」と呼んでいます。また唯識では「アラヤ識」という「行為や思考の残像が蓄積したもの」が輪廻するなどと主張しました。

　國學院《こくがくいん》大学の宮元啓一先生は、ブッダが説いたのは「無我」ではなく、「我ではないものを我と勘違いするな」という「非我」である、と述べています。

　とにかく、仏教の表看板のような「無我」さえ、真正面から反論する「有部派」があれば、「それじゃ仏教ではなくなるのではないか」と今度は「空」を語る「中観派」が登場する。

　そしたら、「存在論としてはそうだ。しかし認識としては、そうではない」ということで「唯識派」というグループが起こるわけです。

　もともと、仏教は関係性によってすべては成立するという「縁起」の立場に立ちました。これを突き詰めていくと、すべてのものに実体はないとする「空」に行き着きます。しかし、そう言ってしまえば、観念論で終わってしまう。仏教は実践されるべき道なんだから、もっとどう認識を転換させていくべきかを考えていこうというわけで唯識論が展開されます。

そしたら、今度は「唯識ではすべての人が救われるということにならない」と、一切の生きとし生けるものが救われる「悉有仏性《しつうぶっしょう》(誰もが平等に仏と成る可能性をもっている)」を説く仏教が出てきます。

また、一方はテーラワーダみたいな禁欲的な体系の仏教があるとすれば、他方ではすべてを肯定していく密教の体系もあります。

あるいは、禅のように言葉を全然信用しないという仏教もあれば、真実の言葉を称《とな》える称名念仏の仏教も登場します。

それぞれに完成しているのですが、おたがいに否定し合って、なおかつ補い合っているんですね。

きっと、どの立場が欠けても仏教全体のバランスが崩れるんじゃないでしょうか。

私はこのような仏教の各体系のあり方を「相依相補関係」とか「脱構築装置内蔵」というような言い方をしています。

仏教の体系とはそのようにできているのでしょう。ですから、一つの体系で仏教を全部語るのは無理だと思います。また、現在の仏教思想すべてを釈尊一人に帰着させるのも無理でしょう。仏教とは、アジア全体、いや今や欧米でも仏教が盛んですから、人類の知恵総がかりで鍛え上げられ、練り上げられてきたものと言えるかもしれません。仏教体系の中には、およそ人間が考え出したものすべてがあるのではないか、そう思うのです。

だからと言って、全能感がないんですね。この世界すべてを語りつくそうとはしない。そこが仏教の興味深いところです。

全能感がないどころか、仏教を突き詰めていけば、いずれは仏教自身も否定しなくてはいけないという話になってきます。

もはや、仏教じゃなくてもいいんだ、という地平へと到達します。臨済《りんざい》禅師などは「仏に会ったら仏を殺せ」などと言い放つんですから。仏教にとらわれている限り仏教はわからない、という意味でしょう。すごいですね、仏教。

苦の連鎖の転換

五つ（の束縛）を断て。五つ（の束縛）を捨てよ。さらに五つ（のはたらき）

を修めよ。五つの執著《しゅうじゃく》を超えた修行僧は、〈激流を渡った者〉とよばれる。(三七〇)

(超意訳:煩悩の束縛を断て、煩悩を捨てろ。そして、仏教で説かれている実践を日々おこなうのだ。そうすれば激流を渡って彼岸へと行ける。その人はブッダである)

バラモンが二つのことがら(=止と観)について彼岸に達した(=完全になった)ならば、かれはよく知る人であるので、かれの束縛はすべて消え失《う》せるであろう。(三八四)

(超意訳:完全に心を制御しつくした聖者なら、その人は彼岸へと到達できる。そのとき彼は何にも束縛されない自由自在の存在となるだろう)

このあたりは、かなり出家者向けの教えが説かれています。

第三七〇番の五つの束縛とは、「貪欲《とんよく》(過剰な欲望)」「瞋恚《しんに》(怒り)」「有身見《うしんけん》(自分への執着)」「戒禁取《かいごんしゅ》(自分の行為が正しいと執着する)」「疑(うたがい・迷い)」の五つです。簡単に言うと煩悩のことです。

真実を認識するために邪魔になるもの、苦しみを生み出すものです。

それを超えた人は、激流を渡った人と呼ばれる。

五つの修めるべき働きというのは、「信（しっかりと納得して信じる）」「精進（やるべきことに邁進《まいしん》する）」「念（思いやイメージ）」「定（心身が静寂なる状態）」「慧（自分の都合なしで思考や認識ができる）」です。

仏教のメインラインがよく語られた偈頌です。

簡単に言うと、心と体が暴れた状態だと苦しみが生まれる。この苦しみは、さらなる心身の暴れをもたらし、また苦しみを生む、苦しみの連鎖が続きます。

これを転換するために、第三八四番では、「止」と「観」が述べられていますね。「止」は、心身のあらゆる活動をストップさせた状態です。静かな場所で、じっとしながら修行をおこないます。これに対して「観」は、普通に生活しながらおこなう瞑《めい》想《そう》です。自分という人間の身体の動きから心の動きまで、観察します。

五つの束縛を離れて、五つの働きを修める、そうすれば悟りの岸へと辿《たど》り着ける、ここではそのように述べられています。

常に問い続ける姿勢こそ、仏教の特性

ところで、仏教には「ニッチ能力」があると思います。

「ニッチ」とは「隙間」という意味で、経済では「隙間市場」などといった意味で使われます。仏教は、とても柔軟なので何かと何かの隙間に入っていける多様性がある

と思うのです。

そもそも制度宗教や宗教教団というものは、「信じている人」「信じていない人」という二項に分けてしまう宿命を背負っています。常にその問題がついてまわります。例えば、ある宗教と出会って幸せになったという人は、「私はこの宗教で幸せになったけれども、ほかの道で幸せになった人もたくさんいる」とは決して考えません。たいていは、「あの人、かわいそうにまだほんとうの宗教を知らないんだ。知らせてあげなくちゃ」となります。

ところが、仏教はいろんなものを否定し合いながら、かつ補い合っているので、そういうふうな思い込みの世界には入りにくいのです。中には狂信的な方もいますし、カルト宗教も生まれますが、比較的バランスのよい宗教だと言えるでしょう。

無神論者の人、宗教は嫌いという人、死んだらおしまいなどと思う人にも、仏教はおすすめです。

仏教のすごいところは、たとえ仏教徒でなくても、仏教を活用できることですね。だから、仏教は、一神教型宗教に比べて原理主義になりにくい。だいたい、経典も多様ですから、原理主義は成立しにくいんですね。むしろ、いろんな社会の隙間や宗教と宗教の隙間や人間の心の隙間に入り込みやすいんじゃないかと思います。

近年は、仏教とキリスト教、仏教とイスラム教、仏教と神道など、あるいは仏教と現代思想とか、仏教と社会福祉などなど、仏教がいろんな隙間に入り込み始めている(?)ような気がします。みなさん、今、日本仏教は大きな転換期を迎えています。目が離せませんよ。

ところで、仏教を学んでも、「正体不明っぽい」と感じる人は多いと思います。仏法は、聞いて聞いて、聞き続けて、実践して実践して、それでも薄紙一枚一枚しか重なっていかない、などと言われます。

また、別の見方をすれば、仏教の教えは「常に問われるかたちになっている」ために、すっきりといかない、と言えるかもしれません。

今、自分がやっていることは正しいのか、果たしてこれでいいのか、と常に自分自身が問われる仕組みになっています。ですから、真剣に正面からぶつからないと、なかなか仏教はすっきりさせてくれません。

「常に問い続ける」、この姿勢を〝仏教力〟と名づけたいと思います。今、話している最中に思いつきました。

かつて島根県の小浜《こはま》村に浅原才市《あさはらさいち》(一八五〇－一九三二)という市井の念仏者がいました。鈴木大拙《すずきだいせつ》が『日本的霊性』という本で世界に紹介しています。僧侶《そうりょ》でも学者でもなく、下駄《げた》職人(元々は船大工)でした。この人は学校にも行っていないし、文字もまともに書けません。暴れん坊で博打打《ばくち》ちみたいな人でしたが、仏教の話を聞き続けて素朴な念仏者となりました。感じるままの言葉を、下駄を削った木っ端などに墨で書きつづったものが残っています。その言葉は私たちの魂を共振させる輝きをもっています。こういう無知無学な人が、名高い高僧さえも及ばない境地を語る。ここに日本仏教のすごさがあると思います。浅原才市の言葉を少しだけ紹介しましょう。

「臨終まつことなし　いまが臨終　なむあみだぶ」
「ええなぁ　世界虚空がみな仏　わしもそのなか　なむあみだぶつ」
「浮世も邪見、わたしも邪見、法の鏡を見りゃわかる」

わかりやすく漢字を混ぜましたが、実際にはカナ文字ですごく読みにくいです。浄土仏教では、こういう人たちを「妙好人《みょうこうにん》」といいます。江戸時代にはこのような誰にも知られることのない、庶民の中で精一杯生きた一市井の仏教者を取り上げた『妙好人伝』という書物も書かれています。

さて、ある日のこと、あるお坊さんが才市さんの書く詩や語る言葉があまりにすばらしいので、「才市さん、あんたのことをワシは本に書きたいと思うんだ」と訪ねてきました。そしたら才市は「お坊さま、やめときなされ。このワシがこれからどんなどえらい犯罪をしでかすかわからんで。そのとき、あんた大恥かくことになりますでな」と言ったそうです。このとき才市は八十歳くらいの年齢、もう晩年です。八十歳を超えて「今から何をしでかすかわからん」というこの宗教的実存。常に問い続ける姿勢、常にわが身への自覚がある。すごいじゃないですか。

どうでしょうか。仏教って、なかなか魅力的でしょ。

第六講　『ダンマパダ』に挑む!?　宗教的実存

日本浄土仏教

浄土宗の僧侶《そうりょ》だった友松円諦氏（一八九五－一九七三）は、何十年も『ダンマパダ』を講義され続けました。その録音を聞いたことがあります。受講者の方も『ダンマパダ』に精通していて（長年、聞き続けてこられたんでしょう）、かなり詳しい質問をしたりします。

友松氏が「それでは今日の講座をはじめます。ところできみは『ダンマパダ』の何番が好き？」と、いきなり尋ねたりするんですよ。そしたら、受講者は「はい、私は○○番が好きです」って、すっと答える。それを受けて友松氏が「うん、あれはねえ、こういう話で……」と講義がはじまる。たいしたもんですね。そして、『ダンマパダ』という経典は、友松氏たちのように、生涯をかけて読み続けるだけのものがある経典だと思います。

「今この私が抱えている苦悩」に応えようとした浄土仏教

『ダンマパダ』には、「こっちの方向に向かって歩むのだ」というとても強いメッセージを感じます。なにしろブッダの金言を口伝で何百年も守ってきて成立した経典ですから。強いメッセージ性があって当然かもしれません。

けれども、一つの枠組みができれば、必ずそこからこぼれる人がいる。それも事実です。『ダンマパダ』一つですべての人が救われる、ということにはなりません。別の経典がぴったりくる人もいるわけです。また『ダンマパダ』の語ることはどうも私には合わない、と感じている人もこの中にはおられることでしょう。だって、私自身、以前はあまりこの経典好きじゃなかったんですから。私はストーリー性の高い経典のほうが好きなので、金言集みたいなのはどうも……と思っていました。今はすごく好きですけど（でも、どちらかと言えば、『スッタニパータ』のほうが好きかなぁ）。

確かに『ダンマパダ』で言われていることは間違いない、大いなる真理だと思います。しかし、「今この私が抱えている苦悩、魂の叫び、それにどう応えるのか」というところで、どうもしっくりかみ合わない場合があるのも事実です。

そして、この「今この私が抱えている苦悩」という実存の部分、これに何とか応えようとしたのが、日本の浄土仏教だと思います。いや、もちろん、すべての宗教、すべての宗派は、「今この私が抱えている苦悩」に応えようとしているんですけど、浄土仏教の場合は、従来の仏教の枠組みからこぼれるような弱者・悪人・普通の人、この人たちのためにある仏教ということです。

というわけで、今日は日本浄土仏教のお話をします。

この講座に来られているみなさんの中にも、苦悩を抱えて、何かどこかにヒントはないか、と思って足を運んでくださっている方もおられるでしょう。きっとその苦悩を背負いながら、誠実に毎日を暮らしておられると思います。もう、頭が下がります。いつの世にも人間が生きていくということは苦しみを抱えながら歩かねばならないということです。きっと人間の根源的な苦悩と、根源的な宗教性の部分は、何千年も何万年も変わってないんじゃないでしょうか。

変わらない苦悩もあれば、「現代人特有の苦悩」もあります。日本では一九八〇年代あたりから「宗教回帰現象」と呼ばれる傾向が強くなりました。経済が高度成長するにつれて、みんなが何かしらの「魂の叫び声」を上げだしたということだったのかもしれません。でも、この現象はオウム真理教事件で潮が引くように一旦《いったん》収束します。「宗教って怖い、危ない」という時期が続きました。私も大学で「宗教学」の講義が急にやりにくくなったのを覚えています。

でも、最近また、宗教的なものを求める声が上がってきているようです。例えば、巡礼に根強い人気があるとか、「スピリチュアリティ（霊性）」という言葉が医療や教育や福祉などの現場で使われていることも、その表れでしょう。

近年、医療の世界でも「宗教性」について深く考える人が増えてきました（生と死に向かい合う現場ですから、当然と言えば当然なのかもしれませんが）。技術だけでは、いかんともしがたい「宗教性」の部分とどう関わればよいのか。さまざまな取り組みがなされています。これは世界的な潮流であり、WHOでも「スピリチュアル」な領域について討議されるようになってきています。

WHOでは、人間の幸せとは「フィジカル（身体的）にも」「メンタル（精神的）にも」「ソーシャル（社会的）にも」「スピリチュアル（霊的）にも」満たされることだと考えはじめています。例えば、末期の患者さんが直面すると言われている「四つの痛み」も同じ理論に基づいています。一つは、「身体的な痛み」。これはモルヒネなどで緩和するのですが、やはりすべての痛みをコントロールするのは難しいようです。次に、「精神的痛み」。死を目前にして心は引き裂かれんばかりでしょう。怒り、絶望、不安、悲しみといった精神的痛みに対する専門家もいますが、なかなかすべての人にまで手が回らないのが実情です。また精神的痛みを完全に取り除くことも難しいでしょう。三番目は「社会的痛み」です。社会から離れてしまった苦しみ、社会に参加できない痛みによって、まるで社会的落伍者《らくごしゃ》、人間としての失格者、そんな気分になることもあるそうです。そして四番目が「霊的痛み（スピリチュアル・ペイン）」です。死と向き合いながら、「私の人生は何だったか」「死んだらどうなるの」「何かとつながりたい」という痛みに苦悩するのです。医療の領域においても「魂のケア」が求められているんですね。

この点、韓国の病院では、公立病院でもきちんと宗教室があります。クリスチャンのためのお祈りの部屋、仏教徒のための仏間（仏間は日本語か）、儒教徒のための祭祀《さいし》ができる部屋など、それぞれ自分の宗教性を発揮できる場が設けられています。すばらしいと思います。こういうの、日本の公立病院でもやればいいのに。

魂の叫びに応答できるか

さて、以前「メタ宗教性」の話をしました。

「メタ宗教性」とは、宗教という枠組みを超えるもの、あるいは宗教の源泉という意味でしたね。

そして、仏教にはこの「メタ宗教性」の部分が大きいという話でした。覚えてます？

それは「仏教という宗教は信じている人にも信じていない人にも、あてはまる部分がある」という意味です。しかし、仏教は高度に鍛錬されてきた宗教ですので、メタ宗教とは全然違う面もあります。

例えば、メタ宗教の部分・自然感情としての宗教性の代表的なものに、「アニミズム」があります。「アニミズム」というのは、あらゆるものに魂があるという宗教観です。生物はもちろん、山や河、仕事の道具、火、そして発せられる言葉にさえ魂があるとする感性です。

また、死者を供養する、先祖を祀《まつ》るという信仰形態もあります。これも、理屈や教義ではなく、自然感情に基づいた宗教観だと言えるでしょう。先祖の霊を祀ることを祖霊信仰といい、東アジアではとても根強い宗教的感情です。

アニミズムとか祖霊信仰は、私たちの自然な宗教的感情なので、あらためて考えなくても、わりとピンとくるものがあります。そして、世界のほとんどの民族や文化で確認することができる宗教形態です。

ただ、このようなメタ宗教には、「おまえはどう生きるんだ」「どう死に切るのか」という自分自身が問われるようなところがありません。自分が今抱えている苦悩に対しては、メタ宗教では手も足もでないときがある。メタ宗教性だけでは、それまでの自分というものがくず折れ、崩れていくような体験へと至ることはめったにありません。そういう意味では、実存の問題（苦悩する私がこの世界へ投げ出されてここにいる）となると、メタ宗教では、いかんともしがたいのです。仏教は、メタ宗教的部分も切り捨てはしませんが、宗教的実存（宗教の教えや神への信仰こそが自分の現実存在）をもがっちりと受けとめてくれます。まるで、小さく打てば小さく響く、大きく打てば大きく響く、鐘のような宗教です。

というわけで、少し宗教的実存について考えてみましょう。

決して一般化されることはない「自分」というものに取り組む

これまで、「仏教を信じてなくても活用してもいい」という話をしてきましたが、しかし活用レベルにとどまっている限り、どうしてもわからない「仏教の醍醐味《だいごみ》」があります。

私にとって宗教とは何なんだ、と正面からぶつからねば宗教も仏教もただの消費される情報と変わりません。

つまり、実存の問題ということになるわけです。「現実に生きている私」「取り換え不可能なこの私」「私の生き死に」について、誠実に問う。そういう関わりこそ、実存的関わり方なのです。

哲学には、「実存主義」という立場があるのですが、決して一般化されることはない〝自分という存在〟そのものに取り組もうという思想です。誰にもとって代わってもらうことはできない自分。では、どのように生きるのが私なのか、そういう問いが根底にあるのが実存主義的思想です（実存という言葉は多義的で、人によって定義は異なりますが）。

デンマークのキェルケゴールという人が、実存主義の祖と言われています。

この人は、「決して一般化されることがなくて、そして常に関わり続けないといけないものであって、なおかつ常に『あれかこれか』の選択を迫られる。それが実存である」と言っています。

彼の書いた最初の本の題名が『あれかこれか』です。

常に自分に関わり続ける。常に他者に関わり続ける。

関わり続ける中にしか、自分という存在はないという考えです。

また、サルトル（一九〇五－一九八〇）というフランスの哲学者がいました。この人も実存主義者といわれています。

「人は女に生まれるのではない。女になるのだ」という言葉で有名なボーヴォワール（一九〇八－一九八六）は、この人のパートナーでした。女としての本質があるのではなく、女として関わり続け、関わられ続けることによって、女という実存になるということですね。

私は生まれたときから釈徹宗ではない。ずっと他者と関わり、他者から釈徹宗として扱われるから、釈徹宗として自分にも関わる。そのように関わることによって釈徹宗になる。そういうことです。

私の仏教の話を聞いていても、仏教の思想や教義よりも、「なぜ自分はこの仏教の話が気になるんだろう」という方向に行く人は、実存主義的傾向の強い人です。

そうそう、私たちの実存というものは、あるとき突然、自分というものが成立しないような不安におそわれることがあるんですね。

サルトルが語った有名な話にこういうのがあります。例えば、「ぬ」というひらがなを二百個くらい書いてみてください。書いているうちに、突然「ぬ」という字が、異様な感じになってくる。『ぬ』ってこんな字だったっけ」という不安がむくむくと出てきます。そのうちに気持ち悪くなってくる。「これ、いったい何だろう」。関わり続けていると、とつぜん異質なものが出てきて、不安になるわけです。

人間は異質なものと出会うと不安になります。これを「実存不安」と言います。例えば年配の人が、鼻にピアスいっぱいつけている若者を見ると、嫌悪感を感じたりしますよね。おそらく自分とはかなり価値観が違うだろうと、ひと目見て直感するはずです。そしたら、自分の実存が不安定になるんですよ。

仏教の目指す理想の宗教的実存とは

自分自身との関わり、他者との関わり、さらには神との関わり。生と死を超えるものとの関わり、あるいはこの世界、社会を超える者との関わり。

その関わっている姿こそ自分自身そのものである、これを宗教的実存と言うことにしましょう。

では、仏教の目指す理想の宗教的実存とは何でしょうか。

それは、「成り切る」ことです。歩く時には歩くことに成り切る、坐《すわ》るときには坐ることに成り切る、念仏すれば念仏そのものに成り切る。でもそのためには、自分のありのままの姿をしっかりと自覚せねばなりません。

何の笑いがあろうか。何の歓《よろこ》びがあろうか。――世間は常に燃え立っているのに。汝《なんじ》らは暗黒に覆われている。どうして灯明《とうみょう》を求めないのか。（一四六）

君のその笑い、その喜びはニセモノだ。世間は常に自分の都合で燃えるような焼け焦がされるようなニセモノの世界じゃないか。虚妄じゃないか。厳しくがぶり寄ってくるような偈《げ》です。

ここで語られる「暗黒に覆われている」とは、「無明」のことです。「自分自身のありのままの姿さえ見えていない」ことを表しています。君は闇の中にいるのだ、そのことに気づかないのか、というのです。どうして真の姿を求めないのか、それでいいのか、そのように第一四六番は迫ってきているのです。この文章を読んで、実存不安を感じる人はそうとうな宗教的実存派ですね。

この第一四六番はたいへん迫力のある偈です。すごく力強い。ちょっとお疲れ気味のみなさんの宗教的実存を呼び起こそうとしているかのようです。

ちなみにここで出てくる灯明は、仏教の教え（で得た智慧《ちえ》）のことです。例えばみなさんが真っ暗な部屋にただ一人居るとします。自分の手足さえ見えない、真っ暗闇です。それが私たちの今の現実存在なのだと第一四六番は語りかけています。どの方向へ向かって歩めばいいのかさえわからない。自分はどんな人間なのかさえわからない。そこへ、灯明がもちこまれます。一気に部屋の様子がわかります。自分の姿も見えるし、どの方向に出口があるのかもわかる。そして、暗闇だと現れなかった自分の影が黒々と、くっきりと出現します。この影は自分が抱える煩悩を表しています。そう、仏教の教えに会わなければ、煩悩も見えてこないんですよ。でも、大丈夫。煩悩があっても、灯明があります。灯明はものごとの実相を見せてくれる智慧です。

仏道を歩む、仏教を実践するということは、暗黒の中に灯明を照らすことです。ですから、世界中の仏教はみんな明かり（ローソクとか）を荘厳《しょうごん》しますね。明かりとお花、これは世界のどの仏教でも荘厳されます。明かりが智慧、お花が慈悲を表しています。

「『智慧』と『慈悲』の獲得と実践」、これぞ仏教が目指す理想です。

「自灯明・法灯明」の教え

自己こそ自分の主《あるじ》である。他人がどうして（自己の）主であろうか？　自己をよくととのえたならば、得難き主を得る。（一六〇）

（超意訳：「自分というもの」は、意識の連続性の中にある。「自分というもの」を調えることができるのは、自分だけだ。よく調えられた自己こそ、「自分というもの」を安寧の連鎖へと導くのである）

「自己こそ自分の主である」というのは、自由ということです。自由とは、「自らに由《よ》る」という仏教用語です。

わざわざ言われなくても、私は、他人に由ってなんかいないと思うかもしれませんが、よくよく自分を観察してみれば、意外と外部の情報や刺激に引っ張られていたりするんです。例えば、連休になれば義務であるかのように旅行へ行ったり、友人を失いたくないから行きたくもないところへ付き合ったり。あるいは、大事なことは「拝み屋さん」や「占い師」に決めてもらっている人は少なくありません。それでは、自分に由っているとは言えません。

『マハーパリニッバーナ・スッタンタ（大般涅槃経）』という有名なお経があります。そこに「自灯明・法灯明」の教えが述べられています。

病身のブッダに、弟子たちは「尊師の亡き後、私たちはどうしていけばいいのでしょうか」と聞きます。

それに対してブッダは、「お前たちは今まで何を聞いていたのだ。自らを灯とし、法を灯としなさい」と言います。

灯と言いましたが、この原語は「ディーパ」で、灯明と訳せなくもないのですが、普通は島とか洲《す》です。

「あなたがたは、常に情報に引きずり回され、外部からの誘惑に迷い、占いや霊感に判断を委《ゆだ》ね、放っておいたら流されてしまう激流の中にいるようなものだ。それでは本当の自由はない。自らが激流に流されない洲となりなさい」というわけです。それが仏教用語の「自由」ということです。そう考えると、「自由」もなかなか難しい……。

仏教は「神なき宗教」、今ここに私がいることの不思議

たとい他人にとっていかに大事であろうとも、（自分ではない）他人の目的のために自分のつとめをすて去ってはならぬ。自分の目的を熟知して、自分のつとめに専念せよ。（一六六）

（超意訳：自分のすべきことを誠心誠意なすべきである。他者に振り回されてはならない。自分というものをよくよく知った上で、為《な》すべきことを為せ）

「自らの努めに専念せよ」という言葉は、『ダンマパダ』の特性をよく表しています。『ダンマパダ』では随所に、この社会から離れて生きていくことが理想である、そうすれば満足のいく人生をまっとうできる、そのように説かれています。『ダンマパダ』には「神に頼りなさい、依拠しなさい」というようなことは述べられていません。神に依存せず自らどこへ向かうべきかを、まさに自由な宗教的実存を語っています。仏教が「神なき宗教」と言われるところです。

また、仏教が説くのは、「今ここに私がいることの不思議」です（以前、「仏法に不思議なし」と言いましたが、それは呪術性や神秘性や奇跡に関する話で、「思議できない」

「はからい・分別できない」という意味での不思議は語られます)。今ここに私がいる、その存在がどれほどの関係性の中で成立しているかを自覚することも仏教で語られる実存です。

特別な超能力をもつ必要もなければ、神秘体験がなくてもかまいません。また実存は、逆に世俗に埋没することでもありません。

八〇年代には、「今・ここ・私」という言葉がよく使われました。それは、「今、あなたのあるがままでいい」という、自己肯定のツールとして使われました。

仏教が語る現実存在は、そういうことではありません。仏教では、「今・ここ」にしか私は存在し得ないと考えるのです。仏教は、現在ただ今の一瞬しか世界は実在しないと説きます。つまり時と存在は不可分であり、またそれが一瞬一瞬の連鎖により成立しているということです。

仏教では、この世界は無常だという立場に立ちますので、すべては一瞬一瞬変化し続けているととらえます。この今の一瞬の影響で次の一瞬が現れる、そしてまたその一瞬の影響で次の一瞬が現れる。哲学チックに表現すると「不連続の連続」、そんなふうに時間を考えます。

だから、「今・ここ」にしかこの世界は存在しないわけです。

よく似たことを二十世紀最大の哲学者のハイデッガー(一八八九‐一九七六)が

『存在と時間』の中で述べています。また、道元《どうげん》は、『正法眼蔵《しょうぼうげんぞう》』「有と時」の巻で「いはゆる有時は、時すでにこれ有なり、有はみな時なり」と述べ、時と存在とは分けることができないと語っています。ハイデッガーはこのことを知って驚愕《きょうがく》したそうです。

「今・私が・ここにいる」、そのことがどれほど不思議なことか。今、立っている場が、どれほどの関係性の網の目に支えられているか。もし自分という存在が大男につまみ上げられたら、私にくっついて大きな網が山型に持ち上がるようなイメージ、それがどれほど豊かなことか、そのことに気づく。それが、仏教の説く現実存在なのです。

『ダンマパダ』と対極にある日本浄土仏教

『ダンマパダ』の語る宗教的なあり方と対極にあるのが、日本浄土仏教です。私はよく、日本浄土仏教のことを「仏教の極北」と言います。かなりユニークな方向へと展開した仏教だからです。

大道に棄てられた塵芥《ちりあくた》の山堆《やまずみ》の中から香《かぐわ》しく麗しい蓮華が生ずるように。塵芥にも似た盲《めしい》た凡夫のあいだにあって、正しくめざめた人（ブッダ）の弟子は知慧

もて輝く。（五八、五九）
（超意訳：道端のゴミの中から美しい花が顔を出して咲くように、煩悩にまみれた人・世俗の中からブッダの教えを受けた者は光輝く）

「盲た凡夫」とは、この世界のあり方がまったくわかっていない。自分ということもわかっていない私たちのことです。

その中で、「目覚めた人」は、ちょうどゴミの中に咲く蓮華のようだというのです。仏教にはよく蓮華のモチーフが使われます。蓮華は、泥の中から大輪の花を咲かせるので、世俗の中で目覚めるイメージと重ねて語られるのでしょう。

泥の中にあるけれども、泥に染まることなく咲く。そのようでありたい、という仏教徒の願いが投影されたようなお花ですね。

両手両足のない中村久子の生涯

ところで、「泥があるからこそ咲く」という仏教もあるんですよ。それが日本の浄土仏教です。

中村久子《なかむらひさこ》さん（一八九七−一九六八）という人をご存じでしょうか。

岐阜県の高山《たかやま》に生まれ、重い障害を抱えながらも、明治・大正・昭和を生き抜いた女性です。

久子さんは、三歳のとき、足の霜焼けがもとで突発性脱疽《だっそ》となり、ついに両手両足を失います。七歳のときには、お父さんを亡くして生活は窮乏します。そして、食べていくために、見世物小屋で見世物芸人として生活していくこととなります。「だるま娘」という名前で見世物になるのです。しかし持ち前のたくましさで、料理から裁縫まで何でも自分でできたそうです。結婚して子どもまで産み、立派に育てています。

中村久子（1897-1968）（写真：中村久子女史顕彰会）

彼女はヘレン・ケラーとも対面しています。ヘレン・ケラーが来日して久子さんに会ったとき、久子さんの体に触れて、ハッと気がつき「私よりも苦労している人、そして偉大な人がいる」といって滂《ぼう》沱《だ》の涙を流して抱きしめたといいます。

久子さんは仏教を学んだ人

でした。口に筆をくわえて書いた『歎異抄《たんにしょう》』全文の写しが残っています。『歎異抄』というのは、親鸞の身近にいた唯円《ゆいえん》という僧侶が書いたと思われる書物です。親鸞没後、唯円は親鸞が日常話していた言葉を思い出しながら書き記したんですね。親鸞本人の著作とはまた違った存在感があり（親鸞のナマの声って感じがして、迫力もあります）、多くの人々に影響を与えています。「善人なほもて往生をとぐ、いはんや悪人をや（善人でさえ往生できるのであるから、まして悪人は言うまでもない）」「親鸞は弟子一人ももたずさふらふ（他力の仏道を歩む人はすべて仏弟子なのだから、私・親鸞の弟子という人など一人もいない）」「善悪のふたつ、総じてもて存知せざるなり（煩悩を断つことができない私には、本当の善・本当の悪、それが何なのかわからないのです）」など、現代人が読んでもグサリとくるようなアフォリズムと宗教的逆説性にあふれています。

久子さんは、見世物小屋に来たある知識人に「高い志をもって泥の中に咲く花となりなさい」と語りかけられて感動し、見世物小屋で生きながらでも、立派な人になろうとしました。健常者ができることは、たいてい何でもできたそうです。

しかし、仏教の教えによって彼女は大きな転換を体験します。特に『歎異抄』と出会ってからは、「そうか、泥の中でも咲く花になろうとして生きてきたけど、間違っていた。私は泥があるから咲けるんだ」と目覚めるのです。久子さんにとっての大きな回心（conversion）です。その転換の境地が、次の詩によく表れています。

「ある　ある　ある」

さわやかな
秋の朝
「タオル　取ってちょうだい」
「おーい」と答える
　　良人がある
「ハーイ」という
　　娘がおる
歯を磨く
義歯の取り外し
かおを洗う
短いけれど
指のない

まるい
つよい手が
何でもしてくれる
断端に骨のない
やわらかい腕もある
何でもしてくれる
短い手もある

ある　ある　ある
みんなある
さわやかな
秋の朝

この人は、ある時期まで「ない、ない、ない」と苦しみながら生きてきたんです。手も足もない、金もない、親もいない、ない、ない、ない……。

それが、この詩では、「ある、ある、ある」と大きく転換しています。

まさしく、両手両足が無かったからこそ、中村久子という実存があったのです。

中村久子さんが、あるお寺の本堂で講演をした録音テープを聞いたことがあります。久子さんが出てくると、聴衆のみなさんは拍手で迎えます。

久子さんはこう話します。

「みなさん、私の姿を見て、さぞや苦労してきたことだろう。きょうは立派な話が聞けるだろうと思っておられるかもしれませんが、みなさんにお話しできるようなすばらしい話は、何もありません。それどころか、ずっと仏法を聞かせていただいてまいりましたが、私は立派な人間にはなれませんでした……。

ただ、仏法を聞かせていただいているうちに、自分という者がどんな人間かがよくわかりました」

そういう話をしていました。私はそれを聞いて「ああ、この人はホンモノやなあ」と思いました。仏法を聞き続けても、私たちは自分の都合をなくしてしまえるわけではありません。苦悩を解体してしまえるわけではありません。聖者になれるわけではありません。この身がある限り、苦しみ、怒り、悲しみを抱えながら、精一杯生きていかねばなりません。宮沢賢治《みやざわけんじ》は「デクノボーになりたい」と言いましたが、まさにそのとおり、仏法を聞けば聞くほどいかに自分がデクノボーかがわかる、それだけなのです。

ちょっと修行したら「尊師」「先生」などと人に呼ばせる人はいても、「ずっと仏教のお話を聞いてきたけど、立派な人間にはなれなかった。ただ自分がどんな人間かということがわかった、それだけだった」と言い切れる人はなかなかいません。すごいと思いました。そして、私は、この録音を聞いて「なんと威圧感のない人だろう」と感じました。すごく素朴な雰囲気なのです。そういえば、私がこれまで会ってきた「ああ、この人はホンモノだ」と感じた宗教者は、みなさん、ほんとに威圧感がないんです。ですから、よく「会ったら、オーラを感じた」「その人の周りの空気が変わった」、などとカリスマ性を感じさせる宗教者がいるそうですが、そんなのはまだまだ。本当に宗教性を成熟させた人は、まるで空気のような佇《たたず》まいなんじゃないでしょうか。

この中村久子さんの娘さんが、数年前に『わが母中村久子』(春秋社)という本を書いています。娘の富子《とみこ》さんは、手も足も無いのに何でもできる母が自慢だったそうです。恥ずかしいと思ったことは一度もない、と書いてあります。

富子さんは寮生活をしながら遠方の高校に通っていたそうです。あるとき、母・久子さんがたった一人で高校まで様子を見に来たので、富子さんはびっくりしました。

当時、汽車で二十時間もかかるところだったからです。久子さんは一人だとおトイレができません。「おトイレどうしたの?」、富子さんがそっと聞くと、久子さんは「おトイレに行かなくてすむように三日間飲み食いしてないのよ」と笑ったそうです。富子さんはそれを聞いて涙が止まらなかったと述べています。

ゴミの中でも蓮華が咲くという視点もあれば、ゴミがあればこそ蓮華が咲くという視点があるんですね。特に後者は、とても日本浄土仏教的だと思います。なぜなら、日本浄土仏教は、世俗の中を生きる人のための仏教だからです。

水を汲み出せ

修行僧よ。この舟から水を汲み出せ。汝が水を汲み出したならば、舟は軽やかにやすやすと進むであろう。貪りと怒りとを断ったならば、汝はニルヴァーナにおもむくであろう。(三六九)

「ニルヴァーナ」とは、涅槃ということですね。仏教の考える理想の心身の状態です。船から水を汲み出せ、水があったら船は動かない。水は、「貪り《むさぼ》」と「怒り」です。

汲み出し続けなければ、舟は沈んでしまいます。それを汲み出せば、船はやすやすと進み、悟りの彼岸へと到達できる、そのように語る偈です。

さて、久しぶりに『ダンマパダ・アッタカター』から、この第三六九番の部分に掲載されている因縁話を紹介しましょう。

〔ブッダの十大弟子に、カッチャーヤナ（迦旃延《かせんねん》）という人がいました。この人はとてもお話が上手《うま》くて、説法をするとナンバーワンという評判でした。

ある青年がこのカッチャーヤナの話を聞いてとても感動して、自分も出家しようと決心します。そして、出家を申し込みます。

出家にあたっては受戒の儀式が必要です。ところがその頃は、十人の出家者がいないと受戒の儀式ができないことになっていました。その地方では、なかなか十人の比丘が見つからないので、出家するのに三年もかかってしまいました。

あるとき、カッチャーヤナはその青年に、伝えてほしいことがあるのでブッダのところに行ってくれないかと頼みます。彼ははじめてブッダに会えるというので喜んで行きます。

ブッダのもとへ到着した青年は、ブッダに挨拶《あいさつ》したのち、カッチャーヤナからの言葉を伝えます。それは「十人の比丘が揃わないと受戒の儀式ができないという制度は変えてください」というカッチャーヤナからのお願いだったのです。ブッダはその青年を見て、とても立派だったので、その方式を変えたといわれています。

その青年の名前が有名になって、地方に住んでいる母親の耳に届きます。息子がそんなに立派な坊さんになったのなら、ぜひ彼の説法を聞きたいと母は思っていました。

あるとき、母親の住んでいる地方の近くで息子が説法することになります。母親は大きな家の資産家でしたから、家の者をみんなつれて説法の場に行きます。

家族のみんなが説法を聞いている最中に、その家の〝銅の蔵〟に泥棒が入るんです。留守番の者が急いで「泥棒が入った」ことを伝えに行くと、青年の母は、「私は今すばらしい説教を聞いているので、邪魔しないでくれ」と相手にしません。それで、留守番の者は家に帰ります。こんどは泥棒が、〝銀の蔵〟に入ります。また留守番の者がそのことを報告に行くと、母は「邪魔しないで」と言います。次に、泥棒は〝金の蔵〟に入ります。そのことを報告に行くと、また母は「邪魔しないで」と言います。

泥棒のほうは、「おかしいな、こんなに堂々と盗めるはずがない。何か理由があるに違いない」と様子を見にきます。すると、その家の人たちがみんなお説教を聞いている。ついでに、泥棒も説教を聞くんです。それで、説教を聞いて感ずるところがあり、盗んだものをすべて返すことになりました。その話を聞いてブッダはたいへん喜ばれて、この第三六九番を説いた、そう記されています。」

（釈による意訳。参考：ウ・ウィッジャーナンダ、北嶋泰観『ダンマパダ』中山書房仏書林）

穴のあいた船

さて、第三六九番の偈には、水（煩悩）を汲み出せ、そうすれば船は軽やかに進む、と述べられています。しかし、よく考えてみたら、私たちの船は汲めども汲めども水は尽きないんじゃないか。私たちは、穴のあいた船じゃないのか。浄土仏教ではそう考えます。それが浄土仏教の人間観です。

同様にキェルケゴールも、「沈もうとする船の水を汲み出し続けている姿（自らに関わり続ける姿）こそ私の実存である」だと語っています。

自分という存在は穴のあいた船であって、汲めども汲めども、水が入ってくる、それが私たちの現実の姿なんじゃないでしょうか。水を汲み出し続けることこそが、私たちの宗教的実存なんじゃないでしょうか。少なくとも、キェルケゴールは自分自身の宗教的実存をそのようにとらえていました。

そして、日本人で、この緊張感あふれる宗教的実存の人を挙げるならば、それは親鸞になると思います。私は親鸞の著作を読み始めた頃、「世の中にはなんとまあ深刻な人がいるもんやなあ」と思いました。息苦しくなるような緊張感が伝わってきました。それはまさに、水を汲み出し続けている姿を目の当たりにするようなしんどさです。若いときは、読むのが嫌なときもありました。だって、内省が強くて、文章が重いんですよ。

ただ、その後、キェルケゴールを読んだら、「おお、もっと暗いやつがおった」と感じました。それで、私、勝手にこの二人を「東西の二大苦悩王」と呼んでいるんです。

日本浄土仏教の宗教的実存

中村久子さんに大きな転換をもたらしたという『歎異抄』。その第九条を読んでみましょう。

親鸞の宗教的実存

念仏もうしそうらえども、踊躍歓喜《ゆやくかんぎ》のこころおろそかにそうろうこと、またいそぎ浄土へまいりたきこころのそうらわぬは、いかにとそうろうべきことにてそうろうやらんと、もうしいれてそうらいしかば、親鸞もこの不審ありつるに、唯円房おなじこころにてありけり。よくよく案じみれば、天におどり地におどるほどによろこぶべきことを、よろこばぬにて、いよいよ往生は一定とおもいたまうべきなり。よろこぶべきこころをおさえて、よろこばせざるは、煩悩の所為なり。しかるに仏かねてしろしめして、煩悩具足の凡夫とおおせられたることなれば、他力の悲願は、かくのごときのわれらがためなりけりとしられて、いよいよたの

もしくおぼゆるなり。（『歎異抄』第九条）

（大意：唯円「私はいくら念仏をもうしても、心の底から喜びが湧いてくることもなく、早く浄土に行きたいという気持ちにもなりません。どういうわけなんでしょうか」。親鸞「おお、唯円さん、ワシも同じじゃ。どうしても喜べない……。しかし、喜ぶべきことを喜べないほど深い煩悩を抱えたこのワシだからこそ、仏さまのお救いは間違いないと実感できるのだ。なぜなら、そんな深い煩悩の人間のためにこそ仏さまはおられるのだから）

親鸞（1173-1262）奈良国立博物館所蔵
ColBase（https://colbase.nich.go.jp）

かなりの高齢となった親鸞と、若い唯円との対話場面です。唯円が「念仏の教えも浄土の教えも、心から喜べない」と告白します。すると親鸞は「おまえもそうか、実はわしもそうなんだ」というわけです。「いくら救ってくださるという教えを聞いてもうれしくない。この世の中に執着している。でもそんなどうしょうもない自分がいるからこそ、仏さまはおられる」と親鸞は語っています。

この第九条は、その親鸞の性質が最もよく表れている文章だと思います。

いくら仏が救ってくださるといっても、仏から逃げ続ける、親鸞はそんな人間なんですね。

また、こういうことも言っています。


聖人のつねのおおせには、弥陀の五劫思惟《ごこうしゆい》の願をよくよく案ずれば、ひとえに親鸞一人がためなりけり。されば、そくばくの業をもちける身にてありけるを、たすけんとおぼしめしたちける本願のかたじけなさよと御述懐そうらいし。(『歎異抄』後序)

(大意:親鸞聖人は、いつもこう言っていた。阿弥陀仏の願いをよくよく味わわせていただくと、この親鸞ただ一人のためにだけ立てられたものであったことがわかる。これほど深い煩悩を抱えた私だからこそ、阿弥陀仏のお救いはあるのだ)


なぜ阿弥陀さんはおられるのか、それは「自分一人のため」である。親鸞はいつもこのように語っていたというのです。

親鸞は「私という存在」を突き詰めていく宗教的実存タイプの人なんですね。日本宗教文化の中ではたいへんめずらしいタイプです。日本宗教には、あまり親鸞のような深い罪業観を抱えて生き抜く人はいません。

日本の仏教というのは、すべてが融合し同一化する傾向が強いのです。仏教だけじゃなく、日本の宗教はそういうタイプがほとんどです。

そんな宗教土壌の中で、親鸞のような妥協のない「光と影の緊張感が持続する」ような人は異質です。この私のためにこそ仏はいてくださるんだ、私は仏から逃げ続けるような男だが、仏は後ろから追いかけてきてつかまえてくださる。私のような人間には、そんな仏さまにおまかせするこの道しかないんだ、それが親鸞の宗教的実存です。

生涯自分の影から目をそらさなかった親鸞

親鸞という人は三十五歳の時に越後《えちご》へ流罪となっています。そして赦免後は、関東に移り住みます。現在の茨城県あたりで長く暮らしていましたが、六十歳を過ぎて、突如京都に帰ります。京都ではかなり困窮の生活を続けていたようです。

いったい何のために、関東の生活を捨てて京都に帰ったのでしょうか。そこはよくわかっていないのです。よく言われているのは、『教行信証《きょうぎょうしんしょう》（顕浄土真実教行証文《けんじょうどしんじつきょうぎょうしょうもん》類《るい》）』を完成するためであった、というものです。でも、わざわざ帰洛《きらく》しなくても北関東には十分な書籍があった、といった説もあります。五十二歳の頃にほぼ書き上げられていたことがわかっています。

とにかく、帰洛してからは著述活動に専念するような暮らしをしたようです。

さて、次に挙げているのは、九十歳まで生き抜いた親鸞が、晩年に詠んだ和讃《わさん》(日本語による讃歌《さんか》)です。

浄土真宗に帰すれども　真実の心はありがたし　虚仮不実のわが身にて　清浄の心もさらになし

悪性さらにやめがたし　こころは蛇蝎《じゃかつ》のごとくなり　修善も雑毒なるゆえに　虚仮の行とぞなづけたる(『正像末和讃《しょうぞうまつわさん》』)

(超意訳:真実の浄土の教えに帰依しても、私のような人間には真実の心が生じるわけではない。嘘いつわりを抱えたこの身には、清らかな心も起こらない。

仏教の教えに出会っても、悪の本性が変わることはない。それどころか蛇蝎のような人間なのだ。たとえたまたま善をおこなったとしても、それは自分の都合から離れられない行為であり、ニセモノの善なのである)

浄土真宗というのは、本来は宗派の名前ではなくて、本物の仏教という意味です。

法然上人の教えということです。

自分が何か善いことをしたとしても、それは毒が混じった善だ。そこには、自分の都合が混じっているという、かなり内省的な歌です。

九十歳近くにもなって、こんな歌を詠むぐらい、生涯自分の影から目をそらさない人でした。

なぜ日本の宗教シーンにおいてはこんな異質な人格が突如、出たのでしょうか。

それは間違いなく、法然の思想があったからですね。それなくしては、絶対に親鸞のような宗教的実存は登場することがなかったと思われます。

比叡山《ひえいざん》で二十年も修行（しかもたいへん厳しい〝堂僧〟）を実践しながら、苦悩し続けた親鸞は、法然の教えである「その身のままで救われていく」という他力の仏教と出会い、大きな転換を体験します。まさに「消し去ることのできない影を抱えた自分のありのままの姿」をごまかすことなく、その影と対峙《たいじ》し続ける道を選んだわけです。

実は、親鸞が法然から直接教えを受けたのはわずか六年ほどです。二人とも（異端の仏教ということで）流罪に処せられ、その後、二度と会うことはできなかったからです。しかし、親鸞という類《たぐい》まれな宗教的実存傾向の強い人格を生み出したのは、法然との出会いであったことは間違いありません。

仏教の基本構造を再構築した法然

法然は、自らを「三学非器（私は三学を修められる器ではない）」と告白します。「三学」というのは「戒律」「禅定」「智慧」のことで、仏教の基本構造です。戒律を守り、心身をコントロールして、ものごとの本質を見る智慧を獲得する、それが「三学」のプロセスです。

ところが法然は、自ら「三学非器」と宣言することで、この仏教の基本構造自体を大きく転換してしまうのです。そもそも、法然という人は「智慧第一の法然房」と異名をとったほどの人物だったのです。それに、生涯、聖僧としての生活を通しています。その人が「三学非器」とは、どういうことなのでしょうか。もちろん、それは法然の深い内省体験から出た告白に違いはないでしょう。でもそれ以上に、法然はそれまでの仏教の構造からこぼれ落ちていた人たちのために、もう一度仏教を再構築したのです。従来の仏教の枠外の人に救いの道を提示するため、「三学」という構造を脱構築したのです。

法然の思想は、基本的には「二者択一」です。「どちらか選べ」という構造になっています。法然思想による「信か疑か」「純か雑か」「専修か雑修か」、このような「あれか、これか」の二者択一構造こそ、親鸞のようなパーソナリティを生み出したのです。「あれかこれか」、どちらかを自らの主体をかけて「ただ一つを選ぶ」ということです。言ってみれば「選択的一神教」です。

この法然の思想は、仏教界から厳しく批判されます。法然思想を批判した書である『摧邪輪《ざいじゃりん》』の中で明恵《みょうえ》は、「(法然は)一つの味だった仏教を、甘い味と辛い味に分けてしまった」と述べています。すべてを同一化・融合してしまう仏教の特色を、二者択一構造へと転換してしまった。根本的に仏教を読み替えてしまったという批判です。おそらく法然ほど明晰《めいせき》な頭脳をもった人でないと、仏教の構造自体を大きく転換するような芸当はできなかったと思います。法然という人のすごさは、日本の仏教だけじゃなく、仏教思想全体を通して考察したほうが、わかりやすいかもしれません。

すべてを捨てて身体性を発揮した一遍

一方、同じ日本浄土仏教の中でも、親鸞とは対照的なタイプが、一遍という人です。「救いが間違いないという喜びをみんなで表現しよう」と、歓喜の踊りを踊る、そんな人です。

その一遍にこういう伝承があります。一遍が、「称《とな》ふれば仏もわれもなかりけり南無阿弥陀仏の声ばかりして」という歌を詠みました(一遍の歌って、いい感じなんですよ。土俗で猥雑《わいざつ》で。親鸞みたいに重くないです)。これを聞いた禅僧の法燈国師《ほっとうこくし》は「未徹在(まだそのものに成り切っておらん)」と断じます。そこで一遍はすぐに「称ふれば仏もわれもなかりけり 南無阿弥陀仏 南無阿弥陀仏」と詠み直したと言われています。まさに仏もわれも南無阿弥陀仏も全部無境界化し融合する境地です。

一遍という人は、信心も念仏も知性も、ぜんぶ捨てて、身体性を発揮するという浄土仏教に行き着いた人です。吹く風も南無阿弥陀仏と称えている、という感性をもった人でした。もはや一遍と南無阿弥陀仏は一つになっていたのでしょう。

哲学者の唐木順三《からきじゅんぞう》は一遍の特徴を「軽み」と表現しました。この「軽み」という評価は、親鸞の仏教がいかに重いかという意味の裏返しでもあるでしょう。重いというのは、緊張状態がずっと持続しているからです。ずっと水を汲み出し続けているわけです。

この重さと軽さ、そこが、親鸞と一遍の違いでしょうか。

一遍のようにすべてが融合し無境界化するのは、日本宗教文化の特性と言われています。ただ、一遍は単に融合してしまうだけではなく、それをすべて捨てていくことをも同時に語っています。神道も禅も念仏も全部融合して、そして、すべてを捨てて捨てて……。一遍は、仏教を「捨ててこそ」とひと言で表現しました。そして、生涯、漂泊し続けたのです。だから、この人の書いたものは何も残っていません。生前に、全部、焼き捨ててしまったからです。

親鸞と一遍が理想とした教信沙弥

こんなに対照的な二人なのに、おもしろいことに親鸞と一遍の「理想の人物」は、同じなんです。不思議な話ですね。

二人とも、「自分の理想は、加古の教信沙弥である」と言っていたようです。

この教信《きょうしん》という沙弥《しゃみ》は、『今昔物語《こんじゃくものがたり》』や『日本往生極楽記《にほんおうじょうごくらくき》』などにも出てくる人物で、現在の兵庫県加古川《かこがわ》市あたりに住んでいました。

以前にも説明しましたが、沙弥とは正式に出家する前の、見習いの坊さんのことです。ただ、単に半人前の僧侶、というだけでなく、日本の仏教では、半僧半俗の人を指す場合もありました。きちんとした出家者でもなく、家族もいて子育てもするし、野良仕事もする。そして、念仏三昧《ざんまい》や瞑想《めいそう》三昧の日々を送る。そんな半僧半俗の人です。

教信（?-866）（写真：兵庫県加古川市・念仏山教信寺）

教信は、もとは奈良の興福寺で仏道に精進していましたが、お寺を出て諸国を遍歴しました。そして播磨《はりま》の加古に粗末な庵《いおり》をむすび、剃髪《ていはつ》もせず、家庭をもって一般的な在家生活を送ります。でも日常、常に念仏を称える生活で、教信の家庭は念仏の絶える日はなかったそうです。ボロボロの法衣をまとい、畑を耕したり、人の荷物を運ぶのを手伝ったり、人々のお手伝いをしながら生き抜きました。最後は、(本人の希望だったのでしょう)遺体を犬や鳥のエサにしてしまいました。満足した表情の首だけが残った、というので加古川の「教信寺」には首だけの教信像があります。

親鸞は教信のことを「わが定《じょう》なり(私の理想である)」と語っていたそうです。親鸞には教信のように生き、教信のように死にたいという思いがあったのでしょう。一遍は、教信を理想として慕い、教信が往生したところで息を引きとりたいと思って、加古川に向かう旅の途中で臨終を迎えるのです。

ただただお念仏の日々を送り、精一杯、誠実に暮らし、社会の中で生き抜いて、息が絶えたら浄土へ往生する。遺体は鳥獣のエサにしちゃう。すごくシンプルです。それが親鸞や一遍の理想だったのでしょう。

一遍の「三輩」

「三輩」という考え方が仏教にあります。仏教者としての生き方を、「上輩」「中輩」

「下輩」の三つに分けるというものです。

一番すばらしい生き方、つまり出家者の生き方が「上輩」。社会から出てしまい、経済活動もせず、何にも執着せず、家にも住せず放浪し続ける生き方です。

次にすばらしいのが、家に定住はするが、在家仏教者として善根を積み、独身を通し、戒を守り通す生き方、これが「中輩」です。

そして、一番だめな生き方が「下輩」です。家庭生活を営み、世俗の中で暮らし、善根さえも積めない生き方を言います。

これがお経に出てくる「三輩」なのですが、一遍はこれをひっくり返してしまいます。

一遍によれば、「上輩」は社会の中で普通に生活して、なおかつその世俗に埋没することなく念仏者として生き抜く者であると考えました。つまり世俗にあって世俗に執着しない人。しっかりと社会生活も送り、家庭生活も大切にし、でもきちんと仏道を生きる軸とする者こそ一番すばらしい念仏者である、上輩である、と言うのです。

また一遍は、家庭をもったら、妻や子どもが大切になってしまって執着が起こる、だから定住はするけれども独身を通す生き方を「中輩」としています。

そして、家に住んだり、社会生活を営むと、執着から離れられなくなるので、出家するしかない者、これが一遍の考える「下輩」なのです。

もう、本来の仏教の「三輩」とは、まったく逆さまなんですね。構造がひっくり返ってしまっています。

さすが、日本仏教。ユニークです。

でも、どこかわかるような気もするんです（日本仏教徒だからかな）。山の中で、修行するよりも、この社会を這《は》いずりまわって生き抜き、死に切るほうがたいへんなのだ、という面はあるように思います。『ダンマパダ』でも、「空を飛んでも海にもぐっても山にこもっても、逃げ場はないぞ」という偈がありましたね。

この社会を生きて、なおかつ仏教を軸として、仏道を歩める人。そっちのほうがずっとすばらしい生き方じゃないかと一遍は言うのです。家庭にありながら、家庭を「自分の都合」で執着せず。社会にありながら社会を「自分の都合」で生きない。これ、たいへんな話ですよ。

このような方向へと展開したところに日本仏教の特徴があります。

法然上人は次のように述べています。

現世をすぐべき様は、念仏の申されん様にすぐべし。念仏のさまたげになりぬべくば、なになりともよろづをいとひすてて、これをとどむべし。いはくひじりで申されずば、妻をまうけて申すべし。妻をまうけて申されずば、ひじりにて申すべし。住所にて申されずば、流行して申すべし。流行して申されずば、家にゐて申すべし。自力に衣食に申されずば、他人に助けられて申すべし。他人にたすけられて申されずば、自力の衣食にて申すべし。一人して申されずば、同朋とともに申すべし。共行して申されずば、一人籠居して申すべし。衣食住の三は念仏の助業也。（『和語《わご》灯録《とうろく》』）

（大意：念仏を称えることを軸として、この世間を生きていきなさい。念仏を称えることの妨げになることは避けなさい。聖人のような暮らしのほうが念仏しやすいのであればそうしなさい。家庭をもったほうが念仏しやすいのであれば、家庭をもちなさい。在家のほうが念仏しやすいならそうすればいいし、出家のほうが念仏しやすいなら家を出なさい。みんなで称えるほうが念仏しやすければみんなで、一人のほうが称えやすければ一人で念仏申しなさい）

念仏しやすいようにこの世間を生きていきなさい。念仏を軸とした生き方がぶれなければ、生活形態に宗教の本質はないというわけです。

水を汲み出し続ける姿こそが宗教の本質であって、生活形態にあるのではない。たとえ、出家生活をしていても、穴があいていることに無自覚であれば、それはそれで仏道からはずれているんだと考えるところに日本浄土仏教の方向性があります。

でも、それは決してもともとの仏教にない思想ではありません。以前にもお話ししましたが、最も古い経典だと思われる『スッタニパータ』には、「たとえ出家の身となっても、言葉を調えず、他者を苦しめるならば、自らの煩悩は増すだけだ」（二七四・二七五）と述べられています。

さらに大乗仏教になれば、『維摩経』のように、在家者のほうが出家者よりも執着がない場合も語られるようになります。このような部分が極度に展開したのが日本の浄土仏教なのでしょう。『ダンマパダ』で語られる内容とはかなり相違するところもありますが、いろんな相違する立場が共存し、互いに補完し合いながら、仏教という大きな体系を支えているんですね。

日本特有の出家概念!?

現状から判断して、日本には出家という形態は土着しなかったと言わざるを得ません。もちろん、過去には出家者としての一生をまっとうした人もたくさんいましたし、現在でもおられます。

でも、大部分の日本の僧侶は出家者ではありません。一時的に出家的生活を送ることはあっても、基本的には家や家庭を捨てて放浪しながら乞食《こつじき》の一生を送る人はめったにいません。（出家は本来ライフスタイルですが）僧侶という職業になっているのです。役所の職業欄にも、僧侶と記入します。

ちなみに出家という形態は、やはりほとんどが暖かい国で展開されています。一年中、布一枚で過ごせる風土があり、豊かな食べ物が山林にあるとか、出家者を尊敬するという文化、そういう土壌が必要なのかもしれませんね。

日本は、出家という形態を大幅に読み替えてしまいました。そして日本に合った仏教をクリエイトしてきたのです。それはそれでとても興味深いことです。

また、江戸時代に、白隠《はくいん》という臨済宗の傑僧がいました。現在の臨済宗に大きな影響を与えた人です。その白隠は、「人間は、みんな最終的には出家するんだ」と語っています。

例えば、「病床につくこと」、それは出家じゃないか、と白隠は語っています。出家とは世事、世俗から離れて経済活動をしない、人の世話を受けることであるとするならば、病の床につくことはまさに出家だ、と言うんですね。

白隠は、「病床は、山谷深山なり、病床は道場なり」と述べています。

なんとも、すごい仏教です。日本仏教、あなどれません。

出家という形態さえ、上書きしてしまうんですから。

講座のおわりに

ここまで六回連続で『ダンマパダ』を手がかりに仏教のお話を続けてきました。みなさんの反応がいいので、ついつい話が横道に逸《そ》れてしまい、用意していた話ができないで終わってしまうことばかりでした。そのため、思ったより『ダンマパダ』を読めず申し訳なく思っています。『ダンマパダ』を講読していくというよりも、偈《げ》を手がかりに仏教の基礎を説明したり、仏教のおもしろさを語る方向へと行ってしまったようです。

この講座の最初にもお話ししましたが、宗教の聖典というのは何気なく読んでいても、あるきっかけと連動して鮮やかに浮かび上がってくることがあります。そして私たちに「どの方向へ進めばよいのか」を指し示してくれる、そういうところがあります。

例えば、作家の高史明《コ・サミヨン》氏は、最愛の一人息子である真史《まさふみ》くんを自死によって亡くしたことが大きな転機となって仏教を深く学ぶこととなったそうです。高氏は、自分が在日外国人であるためにとても苦労したそうです。わずか三歳にして母と死別し、父に育てられました。高氏自身も、小学校を中退して働いたそうです。でも、家庭をもち、一人息子が生まれたときには、それまでの苦労も怨《うら》みもつらみもすべて霧散してしまうほどの喜びだったんですね。「この子だけには、自分と同じ苦労をさせたくない」と強く思い、心をつくして大切に育て、懸命に働いたとのことです。そして、その息子さんは、とても思いやりのある、聡明《そうめい》で、優しい人間へと成長していった。高氏も幸せを感じて暮らしていた矢先、真史くんは自死してしまいます。わずか十二歳。

生前の真史くんがノートに書いていた詩が『ぼくは12歳』という本になって出版されています。一読するだけで、どれほど感性が豊かな少年だったかがわかります。

「ごめんなさい」

一つぶのなみだは
一てきの雨にあたいする
思いちがいのなみだは
雨上がりの葉からほとばしる
一てきの雨にあたいする

ごめんなさいというほほえみは
雨上がりのにじにあたいする

真史くんの人柄と温かいまなざしが感じられる、そんな詩ですね。

同書の中で、母親の百合子《ゆりこ》さんも文章を書いています。

「私は、今でも息子の夢をよく見ます。夢の中で、息子はいつも、あの長いまつ毛の下の目で、少しはにかんだように笑っています。ああよかった、まだ生きていたんだ、と私はすごくうれしくなり、今度は失敗しないぞ、と力一杯彼を抱きしめます。(……)抱きしめたその感触が、目が覚めても残っていて、やはり取り返しはつかなかったのだ、と改めて思い返すときの辛《つら》さ――でも、夢に出てくる息子は、いつも笑っているのでした」(『ぼくは12歳』)

胸が痛くなるような独白です。

真史くんの死に直面した当初の高氏は、もう何が何だかわからず、ただただ「なぜ」と繰り返し問い続けるばかり。何も考えることができず、譬《たと》えようもない悲嘆のどん底に落ち込みます。そして、高氏は真史くんの遺体に添い寝して一晩過ごしたそうです。

そしたら、突如、声が聞こえてきた。その語られる言葉に聞き覚えはあったものの、何のことだかはっきりとしない。でも間違いなく聞こえる。何だろう、この言葉。何かで読んだのだろうか……。とにかく、真史くんの葬儀などを終え、後で調べたら、それが『歎異抄』の一節だった、ということです。

高氏は、それまで自分にとって『歎異抄』をそれほど意識したわけでもなかったので、自分自身でもたいへん驚いたそうです。むしろ、以前、『歎異抄』を読んだときには、たいして関心ももてなかったというんですね。でも、その言葉は身体に染み込んでいたわけです。

『ダンマパダ』も何かの折々にパラパラと目を通していると、きっとみなさんの身体に染み込んでいくと思います。それだけの力がある経典です。

例えば、前出の母・百合子さんの言葉を読めば、世の中で子に先立たれることほど苦しく悲しいものはないのではないか、そのように痛切に感じます。

まさに『ダンマパダ』が語る「愛する人に会えないのは苦しい。だから愛する人から憂いや恐れが生じるのだ」（「第十六章　愛するもの」）という言葉が真実であることがわかります。『ダンマパダ』では、「だから愛する人をつくるな。愛する人と会うな」と出家生活を説いています。

でも、私たち在家者は、そうはいきません。

その在家者に『ダンマパダ』は、さらに厳しい言葉を言い放ちます。「わたしには子がある、そう思っているけれども、人間は自分自身さえ思いどおりにならないのだ。ましで、わが子といえどもわたしのものであるはずがない」（第六二番、意訳）。ううむ、いかにそれが真実とはいえ、あまりに厳しい言葉です。しかし、きっと高史明氏ご夫妻は、尽きない悲しみ苦しみとともに、このこともどこかできちんと受け止めておられるはずです。それだけのことを仏教から学ばれている人です。それは高史明氏の語られていることや書かれていることからわかります。「ああ、すべてを背負って生きておられるなぁ」と感じますから。

さて、では最後にみなさんへ『ダンマパダ』の偈を一つ送りましょう。それは、第一五七番です。

もしもひとが自己を愛しいものと知るならば、自己をよく守れ。賢い人は、夜の三つの区分のうちの一つだけでも、つつしんで目ざめておれ。（一五七）

もし、あなたが自分自身を愛しく思い、自分自身を大切にしたいと思うならば、自分を調えることです。

まず身体を調えましょう。体調がよくないのに不規則な生活が続いているのは、身体の声に耳を貸さないからです。情報や誘いに振り回されているのは脳のほうです。むちゃな生活をして「楽しいなぁ」と感じているのも脳です。身体は悲鳴を上げているかもしれませんよ。

言葉を調えましょう。調った言葉は自分を守るディフェンスです。言葉を調えないで社会を生きようとするのは、ノーガードでボクシングのリングに上がるのと同じことです（そういえば、言葉を調えないで、結局ものすごいバッシングを受けたボクシング界の親子がいましたね。仲間うちならまだしも不特定多数の人を相手にする場合、特に言葉を調えなくっちゃ）。本書で述べたようなチェックポイントに配慮して言葉を調えてください。それは、自分を大切にすることでもあるのです。

そして、心を調えましょう。『ダンマパダ』の「第三章　心」には、「調えられた心は安楽をもたらす。そして正しい方向を向いている心は、父母や親戚《しんせき》よりも私を守ってくれる」（意訳）と述べられています。

第一五七番の「夜の三つの区分のうちの一つだけでも、つつしんで目ざめておれ」というのは、「人生には三つの時期がある。青（少）年期・壮年期・老年期だ。せめてそのうちの一時期だけでもよい、心身を調え、利他行為を実践し、自分自身をよく見つめてみよう」ということです。

あとがき

ブッダが亡くなって、すぐに「結集《けつじゅう》」がおこなわれ、合誦《ごうじゅ》によってブッダの教えが確認されたことは本文中に述べました。この「第一回結集」がお経のはじまりというわけです。

第二回は、ブッダ滅後百年頃にヴァイシャーリーというところでおこなわれ、律に関する教えが整理されたと言われています。そしてその後、第三回や第四回の結集は、南方のアジアと北方のアジアとで記録が相違します。

とにかく、一番近年におこなわれた結集は、一九五一年にビルマ（現・ミャンマー）のヤンゴンで開かれた「第六結集（仏典編纂《へんさん》会議）」です。もし、「第七回結集」が開かれるとしたら二〇五〇〜二〇七〇年あたりでしょうか。残念ながら私はその様子を見ることはできそうにありません。でも、お浄土へ往生して、仏となって還《かえ》ってきて、隅っこのほうにでもまぎれこみたいなぁ、などとたくらんでおります。

そして、その「第七回結集」でも『ダンマパダ』は読まれていることでしょう。

経典の成立は、散文形式の経典より、偈頌《げじゅ》形式の方が古いと言われています（異論もあります）。私たちになじみ深い大乗仏教経典は、ストーリー性の高いものが多いので、『ダンマパダ』のような偈頌形式は、意外と新鮮だったのではないでしょうか。

　この『ダンマパダ』講座は全七回でしたが、第七回は「参加者のみなさんとの懇親会」状態となってしまいましたので、収録は第六回までとしました。

　どの回も、温かくて気楽な雰囲気だったため、ついつい話が逸《そ》れてしまいがちでした。あらためて録音を聴くと、「しょっちゅう関係のない話をしてるなぁ」と、われながら驚いたくらいです。そんなわけで、カット部分もけっこう多くなってしまいました。でも、私自身、とても楽しみな講座でしたので、ありがたいご縁だったと思っております。ある参加者の方は、「この講座に来る前にギアをチェンジしないとだめなんだ」と話してくれました。日常のギアとはまた別のギアを入れて味わうんだ、という意味なのだそうです。それを聞いて、とても幸せな気持ちになりました。もちろん、私の話などよりも、さまざまな要素が交錯する時空間が日常とは別の扉を開くのだと思います。

　特に今回は、「音声《おんじょう》」の力を再認識しました。毎回、講座中に何度かみんなで『ダンマパダ』を合誦するのですが、共振現象とでもいうのでしょうか、なかなかすごい迫力なんです。みんなで偈頌を読む、もうそれだけでも今日の講座はＯＫ、と思うときさえあったくらいです。でも書籍だとそういうのが伝わらないので、ちょっと残念。

　とにかく、ただ一つの心配は、読者のみなさんに読んでいただけるようなものとして成立しているのかどうか……、それだけです。

そうそう、ライブですので、ちょっと話をアレンジしたり、不確かだったりする部分もあります。どうぞ広い心で見逃してください。私、こう見えても、意外にサービス精神が旺盛《おうせい》なのです。だからちょっと話を誇張するクセがあります。まるっきり嘘を言うことはめったにない（ん？ということは、たまにある？）のですが、カリカチュア化して話すことは頻繁にやってしまいます（言葉を調える、とか言っておきながら実行できてないじゃないか）。

講義ではときどきスライドを使いました。でも書籍化にあたっては、その部分もカットしております。講義内容の分量が多い日と少ない日があるのはそのためです。ご了解ください。

講座を開講してくださった、大蓮寺ご住職である秋田光彦先生と、應典院主幹（当時）である山口洋典先生、そして應典院のスタッフの方たちにお世話になりました。この場を借りて御礼申し上げます。

そして、サンガ（当時）の代表取締役・島影透氏、編集部編集長・佐藤由樹氏にはたいへんお世話になりました。見るからに対照的なお二人、なかなかユニークなコンビです。いちりん堂の池谷啓氏、あのバラバラな話をよくここまで編集してくださって……。ご苦労されたと思います。みなさん、ありがとうございました。

※二〇二〇年、島影氏が急逝されました。ありし日の姿を思い浮かべながら、心よりお悔やみ申し上げます。

釈　徹宗

文庫版あとがき

文庫版『ダンマパダ――ブッダ「真理の言葉」講義』を手に取ってくださり、ありがとうございます。お寺での仏教講座を書籍化したものですので、読みやすかったのではないでしょうか。

この講座を開講していたのは、私が四十代半ばの頃です。今回、文庫化に際して、久しぶりに熟読したのですが、「へえ、今ならこういう言い方しないだろうなぁ」とか、「おっ、こんなことしゃべっていたのか」といった印象を受けました。もちろん、仏教の説くところは十年や二十年では何ら変わることはないのですが、ところどころ私の元気良さが見て取れるので、自分でも楽しく読み進めることができました。

第二古層である『ダンマパダ』

本文でも少し触れていますが、今日の研究の結果、最古層の仏教経典は『スッタニパータ（経集）』の第一章「蛇の章」の中にある犀角経、第四章「八つの詩句の章」、第五章「彼岸に至る道の章」などであると考えられています。そして次の古層に、『スッタニパータ』の第一章の残りの部分・第二章・第三章、『ダンマパダ』、『テーラーガーター（長老偈経）』『テーリーガーター（長老尼偈経）』の韻文部分、などが位置づけられます。いずれも「クッダカ・ニカーヤ」にカテゴライズされている経典です。ひとつのまとまったお経の中に、古い部分と新しい部分が混在していたりもするわけですね。『スッタニパータ』だと、最古層と最新層とでは三百年ほどの隔たりがあるようです。

さて、『ダンマパダ』は、全二十六章・四二三詩句から構成されています。お読みいただければおわかりのように、詩句の内容は平易であり、簡潔です。難しい仏教用語も出てきません。考えてみたらそれは当たり前ですよね。難しい仏教用語は長い仏教の歴史の中で作り上げられ整備されてきたのであって、ガウタマ・ブッダが語った当時にはまだ出来上がってなかったのですから。

そんな古い形態を今に伝える『ダンマパダ』ですが、今日まで続く仏教の基盤はきちんと語られています。そこで、仏教の基盤を構成する要素について、いくつか列挙してみましょう。

仏教の基盤

仏教体系の基盤として重要なポイントは、本文でも述べていますように、「生きることは苦である」という見解でしょう。「苦」の原語は、サンスクリット語の〝ドゥフカ〞、パーリ語の〝ドゥッカ〞で、「満足できない」「思い通りにならない」「不十分である」といった意味になります。「思い通りにならない」＝「苦が生じる」ということです。確かに、老いや病気や死などといった根本的な問題は思い通りになりません。また、人間関係だって思い通りにならないですよね。これらはこの世に生まれた限り避けることのできない苦悩です。そして、そこから脱出するための道が仏道です。

仏教では「苦」が生じる原因の根本を「無明」だと捉《とら》えます。「無明」とは、仏教が説くような真理に暗く、真理を体得していないことです。たとえば、私たちは世俗の中のゲームに沿って懸命に生きていますよね。私自身、気がついたらそのゲームの中に放り込まれていました。もの心ついた時、ルールのよくわからないゲームに投げ込まれたような状態だったように思いませんか。そして必死にプレイヤーとして生きてきました。しかし、本当にそのゲームの本質を理解しているでしょうか。ただただ、言葉を通してわかった気になっているだけではないでしょうか。仏教では、我々はゲームの構造や本質をきちんと理解していない、自分のことだってよくわかっていない、そう考えます。それが「無明」です。しっかりと理解した上で、いったんそのゲームから降りる。また再び参加する。この往還を繰り返します。そうしない限り苦悩は解決しないわけです。

世界の仏教が共有している教え

さらに、仏教の基盤を構成する重要な要素として、「縁起」「中道」「智慧《ちえ》」「慈悲」「涅槃《ねはん》」などを挙げることができます。

「縁起（因縁生起）」は、すべては原因に縁《よ》って生起するという思想です。もともとは苦や業の発生順序・苦や業を滅する順序を解き明かす教えでした。やがて大乗仏教の興隆によって、すべての相互依存関係性が強調されていくこととなります。

「中道」は偏りのない道です。よく知られている「苦楽中道」は、苦にも楽にも偏ってはならないという仏説です。そして、仏教の目指すところは「智慧」の獲得と「慈悲」の実践となります。これぞ仏教の二本柱でしょう。また、最終的には「涅槃」へと至る道が仏法です。涅槃とは、煩悩《ぼんのう》を滅した状態のことを指します。こちら側が迷いの世界、そして向こう岸が涅槃、悟りの世界です。だから川を渡りきって、向こう岸に行くんだ、というイメージです。川を渡る譬喩《ひゆ》は『ダンマパダ』でも出てきましたね。涅槃に入れば、二度と輪廻《りんね》することはなくなります。輪廻からの脱出、「解脱」が成就します。

このような項目を世界の仏教は共有しています。どれほど数多くの宗派・学派があっても、これらの教えは共通基盤となっているのです。

しかし、なんといっても世界の仏教者にとって一番の共通基盤は、今から二五〇〇年以上前、ガウタマ・シッダルタという人がブッダになったという信仰でしょう。この前提があってこそ、仏教はその誕生から数千年が経ったいまでも連綿と受け継がれています。そのブッダ（釈尊）ならではの語りを本書から感じ取っていただければ幸いです。

文庫版発刊につきまして、この場をお借りして株式会社ＫＡＤＯＫＡＷＡの編集者・竹内祐子さんに謝辞を述べさせてください。もうずいぶん前になりますが、竹内さんに初めてお会いした時、「良い仏教の本をどんどん出していきたい」と言っておられました。まさにその言葉通り、現在、ＫＡＤＯＫＡＷＡにおいて仏教ジャンルの良書を数多く手掛けているエディターです。本書もとても丁寧に仕上げてくださいました。この場をお借りして御礼申し上げます。お世話になりました。

釈　徹宗

本書は、二〇〇八年十一月にサンガより刊行された『いきなりはじめるダンマパダ　お寺で学ぶ「法句経」講座』に加筆・修正し、改題して文庫化したものです。

ダンマパダ

ブッダ「真理《しんり》の言葉《ことば》」講義《こうぎ》

釈《しゃく》 徹宗《てつしゅう》

令和3年 8月25日 初版発行
令和6年 12月5日 3版発行

発行者●山下直久

発行●株式会社KADOKAWA
〒102-8177 東京都千代田区富士見2-13-3
電話 0570-002-301(ナビダイヤル)

角川文庫 22803

印刷所●株式会社KADOKAWA
製本所●株式会社KADOKAWA

表紙画●和田三造

●お問い合わせ
https://www.kadokawa.co.jp/（「お問い合わせ」へお進みください）
※内容によっては、お答えできない場合があります。
※サポートは日本国内のみとさせていただきます。
※Japanese text only

ISBN 978-4-04-400664-8 C0115

◆◆◆

角川文庫発刊に際して

角川源義

第二次世界大戦の敗北は、軍事力の敗北であった以上に、私たちの若い文化力の敗退であった。私たちの文化が戦争に対して如何に無力であり、単なるあだ花に過ぎなかったかを、私たちは身を以て体験し痛感した。西洋近代文化の摂取にとって、明治以後八十年の歳月は決して短かすぎたとは言えない。にもかかわらず、近代文化の伝統を確立し、自由な批判と柔軟な良識に富む文化層として自らを形成することに私たちは失敗して来た。そしてこれは、各層への文化の普及滲透を任務とする出版人の責任でもあった。

一九四五年以来、私たちは再び振出しに戻り、第一歩から踏み出すことを余儀なくされた。これは大きな不幸ではあるが、反面、これまでの混沌・未熟・歪曲の中にあった我が国の文化に秩序と確たる基礎を齎らすためには絶好の機会でもある。角川書店は、このような祖国の文化的危機にあたり、微力をも顧みず再建の礎石たるべき抱負と決意とをもって出発したが、ここに創立以来の念願を果すべく角川文庫を発刊する。これまで刊行されたあらゆる全集叢書文庫類の長所と短所とを検討し、古今東西の不朽の典籍を、良心的編集のもとに、廉価に、そして書架にふさわしい美本として、多くのひとびとに提供しようとする。しかし私たちは徒らに百科全書的な知識のジレッタントを作ることを目的とせず、あくまで祖国の文化に秩序と再建への道を示し、この文庫を角川書店の栄ある事業として、今後永久に継続発展せしめ、学芸と教養との殿堂として大成せんことを期したい。多くの読書子の愛情ある忠言と支持とによって、この希望と抱負とを完遂せしめられんことを願う。

一九四九年五月三日

角川ソフィア文庫ベストセラー

続 仏教語源散策
編著／中村 元

愚痴、律儀、以心伝心――。身近な日本語であっても、仏典や教義にその語源を求めるとき、仏教語の大海へとたどりつく。大乗、真言、そして禅まで、身近なことばの奥深さに触れる仏教入門、好評続篇。

無心ということ
鈴木大拙

無心こそ東洋精神文化の軸と捉える鈴木大拙が、仏教生活の体験を通して禅・浄土教・日本や中国の思想へと考察の輪を広げる。禅浄一致の思想を巧みに展開、宗教的考えの本質をあざやかに解き明かしていく。

新版 禅とは何か
鈴木大拙

宗教とは何か。仏教とは何か。そして禅とは何か。自身の経験を通して読者を禅に向き合わせながら、この究極の問いを解きほぐす名著。初心者、修行者を問わず、人々を本格的な禅の世界へと誘う最良の入門書。

日本的霊性 完全版
鈴木大拙

精神の根底には霊性（宗教意識）がある――。念仏や禅の本質を生活と結びつけ、法然、親鸞、そして鎌倉時代の禅宗に、真に日本人らしい宗教的な本質を見出す。日本人がもつべき心の支柱を熱く記した代表作。

仏教の大意
鈴木大拙

昭和天皇・皇后両陛下に行った講義を基に、キリスト教的概念や華厳仏教など独自の視点を交え、困難な時代を生きる実践学としての仏教、霊性論の本質を説く。『日本的霊性』と対をなす名著。解説・若松英輔